U0563973

2024
中国电力供需
分析报告

国网能源研究院有限公司
国家气候中心　编著

图书在版编目（CIP）数据

中国电力供需分析报告. 2024 / 国网能源研究院有限公司，国家气候中心编著. -- 北京：中国电力出版社，2025.6. -- ISBN 978-7-5198-9301-9

Ⅰ.F426.61

中国国家版本馆 CIP 数据核字第 2024K6K986 号

出版发行：中国电力出版社
地　　址：北京市东城区北京站西街 19 号（邮政编码 100005）
网　　址：http://www.cepp.sgcc.com.cn
责任编辑：刘汝青（010-63412382）
责任校对：黄　蓓　常燕昆
装帧设计：赵姗姗
责任印制：吴　迪

印　　刷：北京瑞禾彩色印刷有限公司
版　　次：2025 年 6 月第一版
印　　次：2025 年 6 月北京第一次印刷
开　　本：787 毫米×1092 毫米　16 开本
印　　张：11.25
字　　数：157 千字
印　　数：0001—1500 册
定　　价：238.00 元

声　　明

　　一、本报告著作权归国网能源研究院有限公司单独所有。如基于商业目的需要使用本报告中的信息（包括报告全部或部分内容），应经书面许可。

　　二、本报告中部分文字和数据采集于公开信息，相关权利为原著者所有，如对相关文献和信息的解读有不足、不妥或理解错误之处，敬请原著者随时指正。

前　言

　　2023 年是全面贯彻落实党的二十大精神的开局之年，也是三年新冠疫情防控平稳转段后经济恢复发展的一年，我国顶住外部压力、克服内部困难，经济总体回升向好。2024 年是实现"十四五"规划目标任务的关键一年，预计我国经济保持稳定增长态势，发展质量持续提高。跟踪并分析经济发展形势，加强能源电力供需分析研究，预测全年经济增长、电力供需形势，可为政府部门、电力企业和社会各界提供重要决策参考。

　　《中国电力供需分析报告》是国网能源研究院有限公司 2024 年度系列分析报告之一。自 2010 年以来已经出版了 13 本，今年是第 14 本。本报告主要对上一年度全国及各地区经济发展、电力需求、电力供应、电力供需形势进行跟踪分析，并对当年经济发展和电力供需形势进行研判。

　　结合近年来电力供需领域的新形势新变化以及读者关注热点，本报告由国网能源研究院有限公司与国家气候中心合作编写，并对框架进行了梳理和调整，整体上分为全国篇、行业篇、区域篇和专题篇四个部分。其中，全国篇对 2024 年全国经济运行、电力需求、电力供应和电力供需形势进行了整体研判；行业篇聚焦对电力需求有显著影响的传统和新兴行业，分析研判发展态势以及对用电增长的拉动作用；区域篇聚焦华北、华东、华中、东北、西北、西南、南方电网区域，细化剖析各区域电力需求、电力供应及电力供需特点；专题篇聚焦新形势下电力供需热点领域，开展"外贸结构升级对经济和用电影响分析""分时电价调整对用电影响分析""2023 年电力经济关系分析及展望"专题分析。

　　限于作者水平，虽然对书稿进行了反复研究推敲，但难免仍会存在疏漏与不足之处，期待读者批评指正！

编著者

2024 年 5 月

目　录

概　　论

　　2023 年是全面贯彻落实党的二十大精神的开局之年，也是三年新冠疫情防控平稳转段后经济恢复发展的一年。我国顶住外部压力、克服内部困难，经济总体回升向好，全国全社会用电量保持较快增长，煤电装机占比降至不足四成，风光装机总量突破 10 亿 kW，全年电力供需总体平衡。2024 年是实现"十四五"规划目标任务的关键一年，随着各项政策落地见效，预计我国经济保持稳定增长态势，发展质量持续提高。预计 2024 年全年国内生产总值（GDP）增速为 5.2% 左右。预计 2024 年我国全社会用电量比上年增长 6.5% 左右，新投产发电装机容量再创历史新高，到 2024 年底新能源装机占比超过 40%，全国电力供需平衡偏紧，局地高峰时段电力供需紧张。

　　（一）2023 年经济与电力供需情况

　　我国经济运行持续回升向好，国内大循环主体地位进一步巩固，供给需求稳步改善，服务业支撑作用增强，消费对经济增长的贡献率超 80%。2023 年，我国国内生产总值比上年增长 5.2%，2022－2023 年两年平均增长 4.1%。从生产侧看，三次产业增速分别为 4.1%、4.7%、5.8%，三次产业对经济增长的贡献率分别为 5.9%、33.9%、60.2%，服务业的支撑作用增强。从需求侧看，最终消费支出、资本形成总额、货物和服务净出口对经济增长的贡献率分别为 82.5%、28.9%、－11.4%，内需对经济增长的贡献率达到了 111.4，消费是拉动经济回升向好的重要力量。分季度看，各季度国内生产总值增速分别为 4.5%、6.3%、4.9%、5.2%，各季度 2022－2023 年两年平均增速分别为 4.6%、3.3%、4.4%、4.0%。

　　全国全社会用电量总体保持较快增长，第二、第三产业是主要动力。根据中国电力企业联合会《2023 年全国电力工业统计快报》，2023 年全社会用电量为 9.2 万亿 kW·h，比上年增长 6.7%，四个季度用电量增速分别为 3.6%、6.4%、6.6% 和 10.0%，增速逐季回升。三次产业和居民生活用电量比上年分别增长 11.5%、6.5%、12.2%、0.9%，第二、第三产业用电量增速较上年分别上升 5.3、7.8 个百分点，对全社会用电量增长的贡献率较上年分别上升 42.3、10.3 个百分点，是全社会用电量增速回升的主要动力。

煤电装机占比降至不足四成，风光装机总量突破 10 亿 kW。2023 年，全国新增发电设备容量 3.7 亿 kW，比上年大幅增长 85.9%。截至 2023 年底，全国全口径发电装机容量 29.2 亿 kW，其中煤电装机容量占全部装机容量的 39.9%，风电和太阳能发电合计装机容量达到 10.5 亿 kW，占总装机容量比重为 36.0%。全国全口径发电量 9.3 万亿 kW·h，比上年增长 6.7%。

全国电力供需形势总体平衡。2023 年，全国发电设备利用小时 3592h，比上年减少 101h，其中火电 4466h，比上年增加 76h，火电利用小时创下 2015 年以来次高（仅低于 2021 年）。度夏和度冬期间全国电力供需整体平衡。

（二）2024 年全国电力供需形势预测

我国经济保持稳定增长态势，发展质量持续提高。居民消费能力和消费意愿逐步提高，消费对经济支撑作用增强；政策持续支撑下投资保持平稳；全球经济复苏进程平稳，出口增速维持低位。预计 2024 年 GDP 增速为 5.2% 左右，三次产业增加值增速分别为 3.8%、5.0% 和 5.5%。

重点行业仍然面临有利与不利因素交织、机遇与挑战并存的局面，行业发展环境较上年有进一步改善。其中，黑色金属行业将延续高质量发展态势，消费结构持续优化，高端化、智能化、绿色化水平不断提升，电气化水平进一步提高，用电量增速稳中有降；有色金属行业有望延续稳中向好态势，行业仍处于新旧需求动能交替周期，用电量增速保持平稳；化工行业发展整体有所好转，成本压力趋于缓解，市场需求有望趋稳向好，行业流程创新加快推进，用电量小幅增长；建材行业运行质量进一步提升，投资领域建材需求有望筑底企稳，

2

工业消费市场稳中有增，用电量低速增长；新型基础设施保持快速增长，对电力需求增长提供了有力支撑。

全社会用电量延续较快增长态势。考虑各方面影响因素，预计2024年全国全社会用电量将达到9.73万亿～9.92万亿kW·h，比上年增长5.5%～7.5%。推荐方案下，全国全社会用电量为9.82万亿kW·h，比上年增长6.5%左右，增速较2022－2023年年均增速回升约1.3个百分点。分季度看，四个季度全社会用电量同比分别增长9.8%、5.5%、5.8%和5.1%，呈现"前高后稳"态势。分部门看，第一、第二、第三产业和居民生活用电量比上年分别增长10.0%、5.2%、10.3%、7.3%，三次产业和居民生活对用电量增长的贡献率分别为2.1%、52.7%、28.7%、16.5%，第二、第三产业仍然是拉动全社会用电量增长的主要动力，居民生活用电量对全社会用电量增长的贡献率较上年显著上升，各部门对全社会用电量增长的贡献更趋均衡。

新投产发电装机容量保持较大规模，年底新能源装机占比超过40%。预计2024年全国新投产发电装机容量比上年增长9.4%，再创历史新高。预计到2024年底，全国发电装机容量将达到33.2亿kW，比上年增长13.7%，其中，水电、火电、核电、风电、太阳能发电装机容量分别约为4.4亿、14.5亿、6081万、5.3亿、8.4亿kW，占总装机容量的比重分别为13.1%、43.7%、1.8%、15.9%、25.4%。

全国电力供需平衡偏紧，局部地区高峰时段电力供需紧张。分区域看，华北电网区域电力供需平衡偏紧；华东电网区域电力供需紧张；华中电网区域迎峰度夏电力供需平衡偏紧，迎峰度冬基本平衡；东北电网区域电力供需基本平衡；西北电网区域迎峰度夏电力供需平衡有余，迎峰度冬平衡偏紧；西南电网区域迎峰度夏电力供需紧张，迎峰度冬平衡偏紧；南方电网区域迎峰度夏电力供需紧张，迎峰度冬平衡偏紧。若出现燃料供应不足或大范围极端天气，用电高峰时段电力缺口将进一步扩大。

（撰写人：汲国强　审核人：吴姗姗、谭显东）

1

全国篇

1.1 2023 年经济与电力供需情况

1.1.1 2023 年经济运行

2023 年是全面贯彻落实党的二十大精神的开局之年，也是三年新冠疫情防控平稳转段后经济恢复发展的一年。我国顶住外部压力、克服内部困难，经济总体回升向好，全年发展目标顺利达成。从供给侧看，工业生产稳步回升，装备制造业和服务业增长较快；从需求侧看，固定资产投资规模增加，高技术产业投资增长态势较好，消费较快恢复，出口增速总体平稳，贸易结构持续优化。

（一）GDP

我国经济运行持续回升向好，国内大循环主体地位进一步巩固，供给需求稳步改善，服务业支撑作用增强，消费对经济增长的贡献率超 80%。2023 年，我国 GDP 为 1 260 582 亿元，按不变价格计算，比上年增长 5.2%[1]，2022－2023 年两年平均❶增长 4.1%。**从生产侧看，**三次产业增速分别为 4.1%、4.7%、5.8%，三次产业对经济增长的贡献率分别为 5.9%、33.9%、60.2%，假期居民旅游出行需求较为旺盛，带动接触型、聚集型服务业快速增长，服务业的支撑作用增强。**从需求侧看，**最终消费支出、资本形成总额、货物和服务净出口对经济增长的贡献率分别为 82.5%、28.9%、–11.4%，内需对经济增长的贡献率达到了 111.4%，消费是拉动经济回升向好的重要力量。新冠疫情的"疤痕效应"叠加内外部冲击，导致我国经济恢复是一个"波浪式发展"的过程，**分季度看，**经济增速呈现前低、中高、后稳的特征，各季度同比分别增长 4.5%、6.3%、4.9%、5.2%，两年平均增速分别为 4.6%、3.3%、4.4%、4.0%。2023 年 7 月 24 日中央政治局

---

❶ 因 2022 年经济增速受新冠疫情等因素影响波动较大，采用同比分析难以有效反映实际情况，故采用 2022－2023 年两年平均增速。

会议加大宏观调控力度，三季度以来，随着政策调整效果逐步显现，生产供给稳步增加，市场需求持续扩大，积极因素累积增多，经济持续恢复向好。**分区域看**，华北、华东、华中、东北、西北、西南、南方❶区域 GDP 比上年分别增长 5.4%、5.5%、4.7%、5.5%、5.5%、6.1%、4.8%，其中受市场需求仍显不足、服务业恢复较慢等影响，华中区域经济增速相对较低；各项政策靠前协同发力引导下西南区域经济较快回归常态化增长轨道，增速领跑各区域。

2021 年以来全国 GDP 及三次产业增加值增速如图 1 - 1 所示。

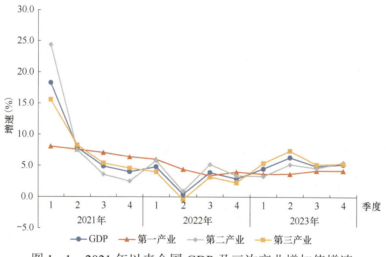

图 1 - 1　2021 年以来全国 GDP 及三次产业增加值增速

（二）工业生产

工业生产逐步好转，制造业支撑作用明显。2023 年，规模以上工业增加值比上年增长 4.6%，增速较上年上升 1.0 个百分点，为新冠疫情以来次高，仅低于 2021 年水平。分月看，在经历前期波动后，8 月以来保持良好增长态势，12月当月同比增速升至 6.8%，创 22 个月新高。分三大门类看，制造业增加值比

---

❶　为与分区域用电分析尽可能保持一致，这里华北区域包括北京、天津、河北、山西、山东；华东区域包括上海、江苏、浙江、安徽、福建；华中区域包括湖北、湖南、河南、江西；东北区域包括辽宁、吉林、黑龙江、内蒙古；西北区域包括陕西、甘肃、青海、宁夏、新疆；西南区域包括四川、重庆、西藏；南方区域包括广东、广西、海南、贵州、云南。

上年增长 5.0%，增速较上年上升 2.0 个百分点，主要受需求回暖、产销衔接加快带动；采矿业、电力/热力/燃气及水生产和供应业增加值比上年分别增长 2.3%、4.3%，增速较上年分别下降 5.0、0.7 个百分点。

部分上游原材料工业增长态势向好。 2023 年，在新兴产业快速增长和市场需求恢复带动下，化工、黑色金属、有色金属行业增加值增速分别为 9.6%、8.8%、7.1%，较上年分别上升 3.0、3.6、5.9 个百分点。规模以上烧碱、钢材、十种常用有色金属产量比上年分别增长 3.5%、5.2%、7.1%。受房地产市场下行压力等因素影响，建材行业总体增长态势低迷，增加值增速为 -0.5%，低于工业平均水平 4.5 个百分点，规模以上水泥产量比上年下降 0.7%。

装备制造业保持较快增长。 2023 年，装备制造业增加值比上年增长 6.8%，增速较上年上升 1.2 个百分点，高于全部规模以上工业增加值增速 2.2 个百分点。其中，汽车制造业、电气机械和器材制造业增加值比上年分别增长 13.0%、12.9%，增速处于各行业领先地位。分产品看，太阳能电池、新能源汽车、发电机组（发电设备）产品产量比上年分别增长 54.0%、30.3%、28.5%。2021 年以来全国工业增加值当月增速如图 1 - 2 所示。

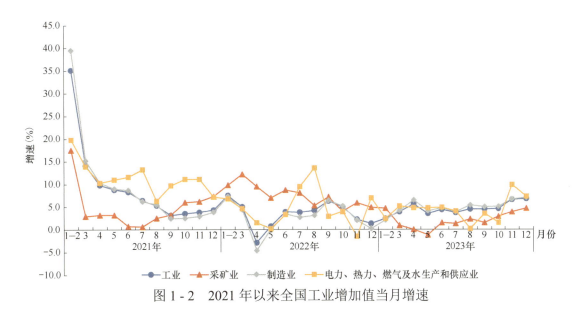

图 1 - 2　2021 年以来全国工业增加值当月增速

（三）服务业

服务业增长较快，接触型聚集型服务业明显改善。2023 年服务业增加值比上年增长 5.8%，增速较上年上升 2.8 个百分点。其中，住宿和餐饮业、信息传输/软件和信息技术服务业、租赁和商务服务业、交通运输/仓储和邮政业、金融业、批发和零售业增加值分别增长 14.5%、11.9%、9.3%、8.0%、6.8%、6.2%。规模以上服务业企业营业收入比上年增长 8.3%，利润总额增长 26.8%。2021 年以来服务业细分行业增加值增速如图 1 - 3 所示。

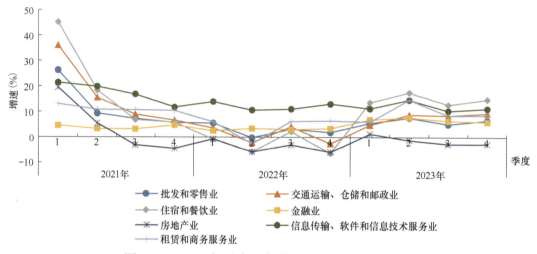

图 1 - 3　2021 年以来服务业细分行业增加值增速

（四）投资

固定资产投资呈现较强韧性。2023 年，全国固定资产投资（不含农户）50.3 万亿元，比上年增长 3.0%，增速较上年下降 2.1 个百分点，主要受房地产拖累。分产业看，第一产业投资比上年减少 0.1%，第二产业投资增长 9.0%，第三产业投资增长 0.4%。民间投资比上年减少 0.4%，扣除房地产开发投资，民间投资增长 9.2%。

房地产投资比上年减少，降幅小幅收窄。2023 年，房地产投资比上年减少 9.6%，为 1999 年以来首次连续两年负增长，降幅较上年收窄 0.4 个百分点。全国商品房销售面积比上年减少 8.5%，降幅较上年收窄 15.8 个百分点；商品房销售额比上年减少 6.5%，降幅较上年收窄 20.2 个百分点。

基础设施投资平稳增长，民生补短板投资增长态势良好。2023 年，基础设施投资（不含电力、热力、燃气及水生产和供应业）比上年增长 5.9%，增速比全部固定资产投资增速高 2.9 个百分点。民生补短板投资保持较快增长，铁路运输业、水上运输业投资分别比上年增长 25.2%、22.0%，主要受三季度以来财政发力，政策效应持续释放的支撑。

产业结构调整和设备更新税收优惠政策带动下，制造业投资增长动力较强。2023 年，制造业固定资产投资比上年增长 6.5%，增速比全部固定资产投资增速高 3.5 个百分点。分月份看，1－7 月，制造业投资增速波动下行，8 月以来，在制造业企业盈利持续改善及转型升级加快等因素的带动下，制造业投资持续企稳向好。分行业看，电气机械和器材制造业、汽车制造业、仪器仪表制造业固定资产投资增长较快，增速分别为 32.2%、19.4%、14.4%。

投资结构持续优化，高技术产业投资保持较快增长，占比稳步提高。2023 年，高技术产业投资比上年增长 10.3%，增速比全部固定资产投资增速高 7.3 个百分点；占全部投资的比重较上年提高 0.7 个百分点。2023 年，高技术制造业投资比上年增长 9.9%，增速比制造业投资增速高 3.4 个百分点；占制造业投资的比重较上年提高 0.8 个百分点。其中，航空、航天器及设备制造业投资增长 18.4%，计算机及办公设备制造业投资增长 14.5%，电子及通信设备制造业投资增长 11.1%。2023 年，高技术服务业投资比上年增长 11.4%，增速比服务业投资增速高 11.0 个百分点；占服务业投资的比重较上年提高 0.4 个百分点。其中，科技成果转化服务业投资增长 31.8%，电子商务服务业投资增长 29.2%。2021 年以来固定资产投资累计增速如图 1 - 4 所示。

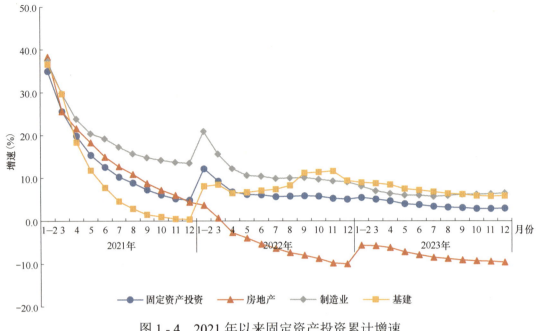

图 1 - 4　2021 年以来固定资产投资累计增速

（五）消费

消费呈现恢复性增长，是经济增长的主要动力。随着经济社会全面恢复常态化运行，促消费政策发力显效，消费潜力不断释放，服务消费加速复苏，消费拉动经济增长的基础性作用进一步增强。2023 年，社会消费品零售总额 47.1 万亿元，比上年增长 7.2%，增速较上年上升 7.4 个百分点。2023 年，最终消费支出拉动经济增长 4.3 个百分点，较上年提高 3.1 个百分点；对经济增长的贡献率为 82.5%，较上年提高 43.1 个百分点，消费的基础性作用更加显著。

服务消费较快恢复，接触型聚集型服务业快速增长。2023 年，服务零售额比上年增长 20.0%，全国居民人均服务消费支出比上年增长 14.4%，占居民人均消费支出比重为 45.2%，较上年提高 2.0 个百分点。受演出、展览等文化娱乐火爆拉动，文化娱乐、交通支出分别比上年增长 39.3%、18.4%，住宿和餐饮业增加值比上年增长 14.5%。

升级绿色类消费需求不断释放，新技术新业态促进消费结构优化。大数据、云计算、人工智能等新技术加速应用，直播电商、即时零售等新业态不断涌现，推动新型消费蓬勃发展。2023年，实物商品网上零售额比上年增长8.4%，占社会消费品零售总额的比重为27.6%，较上年提高0.4个百分点。线上线下持续融合推动快递市场规模快速扩张。随着市场供需体系不断适配提质以及人们对品质生活与绿色环保理念增强，升级类商品销售增长态势良好。2023年，限额以上单位金银珠宝类、体育娱乐用品类、通信器材类商品零售额分别比上年增长13.3%、11.2%和7%，新能源汽车销量比上年增长37.9%。

城乡市场共同壮大，县乡消费市场占比有所提升。2023年，城镇消费品零售额407 490亿元，比上年增长7.1%；乡村消费品零售额64 005亿元，增长8%。5月以来，乡村市场销售增速持续高于城镇。伴随农村居民收入增长，县乡商业体系建设不断完善，县乡消费市场发展步伐加快，市场占比稳步提升。2023年，包含镇区和乡村地区的县乡消费品零售额占社会消费品零售总额的比重为38.4%，较上年提高0.3个百分点。2021年以来社会消费品零售总额当月增速如图1-5所示。

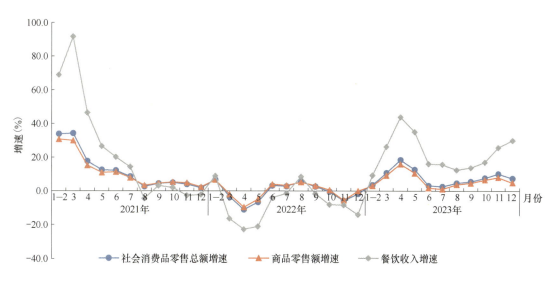

图1-5　2021年以来社会消费品零售总额当月增速

（六）外贸

货物出口小幅增长，净出口拖累经济增长。2023 年，货物进出口总额 417 568 亿元，比上年增长 0.2%。其中，出口 237 726 亿元，增长 0.6%，增速较上年下降 9.7 个百分点，降至 2016 年以来新低，主要受外需走弱、价格下跌叠加 2022 年高基数影响；进口 179 842 亿元，下降 0.3%。进出口相抵，贸易顺差 57 884 亿元。分月看，出口当月同比增速二季度以来高位回落，5－10 月持续负增长，11－12 月恢复正增长，趋稳回升态势明显。

机电、绿色低碳产品出口占比提升，贸易结构持续优化。2023 年，我国机电产品出口比上年增长 2.9%，占出口总额的比重为 58.6%。电动载人汽车、锂离子蓄电池、太阳能电池为代表的"新三样"产品出口额也首次突破万亿元大关，增速达到 29.9%。2023 年，我国民营企业进出口增长 6.3%，占进出口总额的 53.5%，较上年提高 3.1 个百分点。

对美欧日出口下降，对新兴经济体出口增长较快。2023 年，我国对美国、欧盟、日本出口分别比上年减少 8.1%、5.3%、3.5%，对东盟出口与上年基本持平，对美欧日出口总和占全部出口份额（34.3%）近 5 年持续下滑，自数据统计以来首次降至 35% 以下；我国积极拓展国际经贸合作，高质量共建"一带一路"，成功举办了进博会、服贸会、广交会，已经成为 140 多个国家和地区的主要贸易伙伴。我国对共建"一带一路"国家进出口额增长 2.8%，占进出口总额的比重为 46.6%，较上年提高 1.2 个百分点。我国对新兴经济体出口保持较快增长，对俄罗斯、非洲出口分别增长 53.9%、13.2%。2021 年以来进出口当月增速如图 1 - 6 所示。

（七）物价

居民消费价格指数温和低位增长，主要是食品和能源价格下降影响。2023 年，居民消费价格指数（CPI）比上年上涨 0.2%，涨幅较上年下降 1.8 个百分点。分类别看，食品价格指数下降 0.3%，衣着价格指数上涨 1.0%，居住价格指数持平，生活用品及服务价格指数上涨 0.1%，交通通信价格指数下降 2.3%，教育

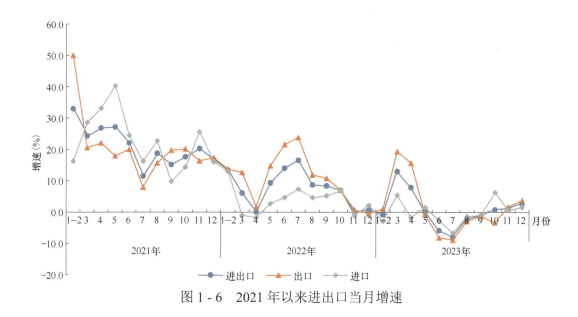

图 1 - 6 　2021 年以来进出口当月增速

文化娱乐价格指数上涨 2.0%，医疗保健价格指数上涨 1.1%，能源价格指数下降 2.6%，其他用品及服务价格指数上涨 3.2%。2023 年，扣除食品和能源价格指数的核心 CPI 比上年上涨 0.7%。

受国际大宗商品价格下行、部分工业品需求不足等因素影响，工业生产者出厂价格指数（PPI）下降。2023 年，受国际大宗商品价格下行、部分工业品需求不足及上年同期对比基数较高等因素影响，全年 PPI 比上年下降 3.0%，降幅较上年扩大 7.1 个百分点。逐月来看，PPI 呈 V 型走势，年中 6 月降至最低点 −5.4%，12 月回升至−2.7%。国际输入性因素带动国内石油、有色金属相关行业价格下降，受外贸市场形势影响，纺织业、计算机通信和其他电子设备制造业等出口占比较多的工业产品价格承压，全年降幅分别为 3.2%、1.7%。受供给充足和需求不足影响，煤炭、钢铁、水泥等工业品价格降幅较大。高技术产业发展和促消费政策对 PPI 走势产生了拉升作用。航空航天器及设备制造、医疗仪器设备及器械制造、可穿戴智能设备制造等高技术产品价格上涨。随着一系列促消费扩内需政策逐步显效，一些消费品制造业价格上涨。居民消费价格指数（CPI）和工业品出厂价格指数（PPI）当月变化如图 1 - 7 所示。

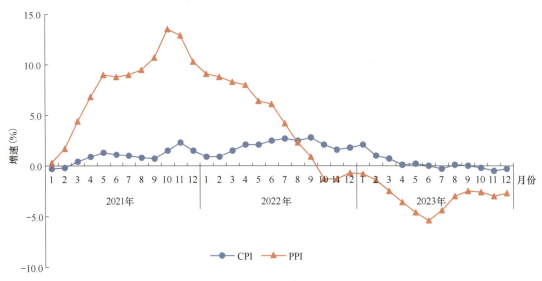

图 1 - 7 居民消费价格指数（CPI）和工业品出厂价格指数（PPI）当月变化

1.1.2 2023 年电力消费[1]

（一）全社会电力消费

全国全社会用电量总体保持较快增长，增速逐季回升。2023 年，全国全社会用电量 9.2 万亿 kW·h，比上年增长 6.7%，用电量快速增长主要受国内经济稳步恢复、气温拉动下降温采暖电量维持较大规模、上年低基数等因素支撑。经测算，经济、气温因素分别拉动 2023 年全社会用电量增长 6.4、0.3 个百分点，与上年相比，经济因素拉动效应显著增强。分季度看，四个季度全社会用电量同比分别增长 3.6%、6.4%、6.6%、10.0%，增速逐季回升。2022－2023 年，全社会用电量两年平均增长 5.1%，增速较 2020－2021 年年均增速回落 1.6 个百分点，整体仍保持平稳增长。2022－2023 年各月全国全社会用电量及增速如图 1 - 8 所示。2022、2023 年经济和气温因素对全社会用电量增长的拉动率如图 1 - 9 所示。

---

[1] 数据来源为中国电力企业联合会（简称"中电联"）发布的《2023 年全国电力工业统计快报》。

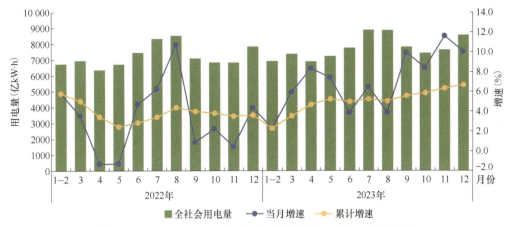

图 1 - 8　2022－2023 年各月全国全社会用电量及增速

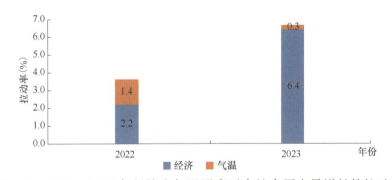

图 1 - 9　2022、2023 年经济和气温因素对全社会用电量增长的拉动率

（二）分行业电力消费

第二、第三产业用电量增速显著回升，是拉动全社会用电量增长的主要动力。2023 年，第一、第二、第三产业及居民生活用电量比上年分别增长 11.5%、6.5%、12.2%、0.9%，受我国经济整体回升向好拉动，第二、第三产业用电量增速较上年分别上升 5.3、7.8 个百分点，对全社会用电量增长的贡献率分别为 63.8%、31.3%，较上年分别上升 42.3、10.3 个百分点，是全社会用电量增速回升的主要动力。受上年极端天气导致的高基数影响，城乡居民生活用电量增速较上年大幅回落 12.9 个百分点，2022－2023 年年均增速为 7.2%，仍延续较快增长态势。2022－2023 年三次产业和居民生活用电量增速如图 1 - 10 所示。

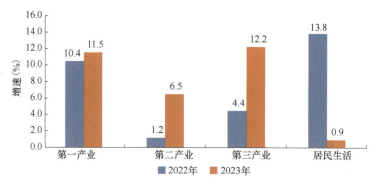

图 1 - 10   2022－2023 年三次产业和居民生活用电量增速

第二产业用电量占比持续下降，第三产业用电量占比波动上升。2023 年，第一、第二、第三产业及城乡居民生活用电比重分别为 1.4%、65.8%、18.1% 和 14.7%。其中，第三产业占比较上年提高 0.9 个百分点，第二产业、城乡居民生活用电量占比较上年分别降低 0.2 和 0.8 个百分点，延续"十四五"以来呈现的第二产业占比持续下降、第三产业占比波动上升的结构性特征。2022－2023 年三次产业和居民生活用电量占比如图 1 - 11 所示。

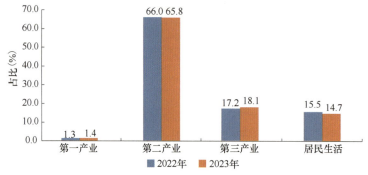

图 1 - 11   2022－2023 年三次产业和居民生活用电量占比

工业用电量实现较快增长。2023 年，工业用电量比上年增长 6.6%，增速较上年上升 5.4 个百分点，2022－2023 年两年平均增速 3.9%，年均增速较 2020－2021 年年均增速下降 1.8 个百分点，但较 2019 年增速上升 1.0 个百分点，年均增速已超过新冠疫情前水平；对全社会用电量增长的贡献率为 64.6%，较上年大幅上升 41.9 个百分点。其中，制造业用电量比上年增长 7.4%，增速高于工业平均水平 0.7 个百分点。

高技术及装备制造业[1]用电量增长态势良好。2023 年，高技术及装备制造业用电量比上年增长 11.3%，增速超过制造业平均水平 3.9 个百分点，2022－2023 年两年平均增速 7.0%，年均增速虽较 2020－2021 年年均增速下降 2.7 个百分点，但较 2019 年增速上升 2.8 个百分点，占制造业用电量比重较上年提高 0.8 个百分点。细分行业中，电气机械和器材制造业（28.7%）、汽车制造业（16.7%）、医药制造业（11.0%）、计算机/通信和其他电子设备制造业（10.5%）用电量均实现两位数增长。部分新兴制造业用电量高速增长，光伏设备及元器件制造、新能源车整车制造、风能原动设备制造、医疗仪器设备及器械制造用电量比上年分别增长 76.8%、38.8%、23.2%、12.5%，反映出新质生产力增长动能强劲。2022－2023 年高技术及装备制造业用电量增速如图 1 - 12 所示。

图 1 - 12　2022－2023 年高技术及装备制造业用电量增速

四大高耗能行业合计用电量平稳增长，年均增速超过新冠疫情前水平。2023

---

[1] 高技术及装备制造业包括医药制造业、金属制品业、通用设备制造业、专用设备制造业、汽车制造业、铁路/船舶/航空航天和其他运输设备制造业、电气机械和器材制造业、计算机/通信和其他电子设备制造业、仪器仪表制造业 9 个行业。

年，四大高耗能行业合计用电量比上年增长 5.3%，增速较上年上升 5.0 个百分点，2022－2023 年两年平均增速 2.8%，年均增速虽较 2020－2021 年年均增速下降 2.2 个百分点，但较 2019 年增速上升 0.7 个百分点，超过新冠疫情前水平。具体来看，化工、建材、黑色金属、有色金属行业用电量比上年分别增长 4.0%、7.1%、5.0%、5.5%，增速较上年分别变化-1.2、10.3、9.8、2.2 个百分点。四大高耗能行业用电量占制造业用电量的比重为 53.3%，较上年降低 1.1 个百分点。2022－2023 年四大高耗能行业用电量增速如图 1 - 13 所示。

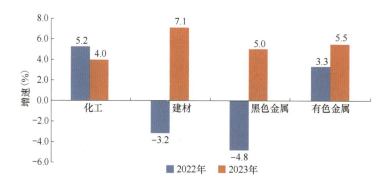

图 1 - 13　2022－2023 年四大高耗能行业用电量增速

服务业用电量快速增长，两年平均增速仍有恢复空间。2023 年，服务业用电量比上年增长 12.2%，2022－2023 年两年平均增速为 8.3%，年均增速较 2020－2021 年年均增速、2019 年增速分别下降 1.3、1.2 个百分点，较新冠疫情前水平仍有恢复空间。其中，生产性、生活性服务业用电量比上年分别增长 12.5%、14.2%，两年平均增速分别为 7.7%、9.3%，年均增速较 2020－2021 年年均增速分别下降 3.2、0.6 个百分点，较 2019 年年均增速分别下降 2.9、0.2 个百分点，生活性服务业恢复态势好于生产性服务业。从细分行业看，教育/文化/体育和娱乐业（18.4%）、批发和零售业（17.5%）、住宿和餐饮业（16.4%）、租赁和商务服务业（16.3%）、交通运输/仓储和邮政业（14.2%）、科学研究和技术服务业（11.6%）用电量均实现两位数增长。2022－2023 年服务业用电量增速如图 1 - 14 所示。

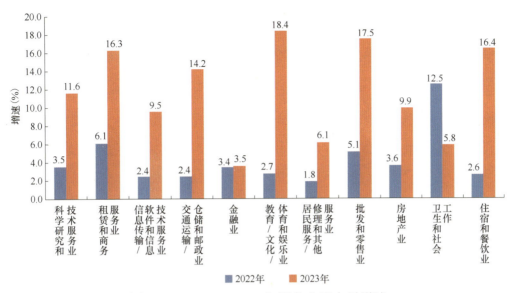

图 1-14　2022—2023 年服务业用电量增速

（三）分区域电力消费

华北、华东、东北、西北、西南和南方电网区域用电量增速不同程度反弹，**6 个省（区、市）用电量增速超过 10%，21 个省（区、市）用电量增速较上年上升**。2023 年，华北（含蒙西）、华东、华中、东北、西北、西南、南方电网区域[1]用电量分别为 22 128 亿、22 183 亿、11 101 亿、5564 亿、10 327 亿、5302 亿、15 730 亿 kW·h，比上年分别增长 7.8%、6.4%、3.0%、5.3%、8.3%、6.6%、7.5%，除华中外其他区域增速较上年均不同程度反弹。华中电网区域用电量增速较上年回落 3.3 个百分点，为各区域最低，主要受工业品需求不振、工业增长动力不足拖累。分省份看，2023 年，31 个省（区、市）用电量均实现正增长，其中海南（16.1%）、西藏（14.1%）、内蒙古（12.4%）、宁夏（11.0%）、广西（10.5%）、青海（10.4%）6 个省（区）用电量实现两位数增长。21 个省（区、

---

❶　本报告中华北（含蒙西）电网区域包含北京、天津、冀北、河北南、山西、山东和蒙西电网区域；华东电网区域包含上海、江苏、浙江、安徽、福建电网区域；华中电网区域包含湖北、湖南、河南、江西电网区域；东北电网区域包含辽宁、吉林、黑龙江、蒙东电网区域；西北电网区域包含陕西、甘肃、青海、宁夏、新疆电网区域；西南电网区域包含四川、重庆、西藏电网区域；南方电网区域包含广东、广西、贵州、云南、海南电网区域。

市）用电量增速较上年不同程度上升，其中海南、广西、新疆升幅超过 10 个百分点。2022－2023 年分区域全社会用电量增速如图 1－15 所示。

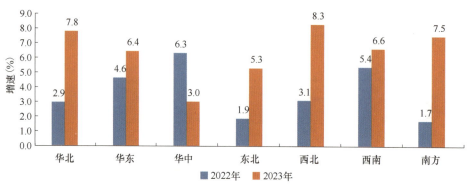

图 1－15　2022－2023 年分区域全社会用电量增速

（四）最大负荷及负荷特性

2023 年全国调度最大负荷比上年增长 4.3%，增速低于全社会用电量增速。2023 年，全国调度最大负荷为 13.5 亿 kW，比上年增长 4.3%，出现在冬季。受上年夏季大范围极端高温天气导致的高基数影响，2023 年度夏期间全国调度最大负荷同比增速仅为 3.8%，较上年回落 4.4 个百分点，而度冬期间受多轮寒潮天气影响，全国调度最大负荷超越夏季最大负荷，达到 13.5 亿 kW，同比增速达到 16.1%，夏冬季负荷"双峰"特性明显。分区域看，华北（含蒙西）、华东、华中、东北、西北、西南、南方电网调度最大负荷分别增长 7.0%、2.5%、0.6%、10.3%、12.6%、0.1%、1.3%。

1.1.3　2023 年电力供应

（一）电源建设情况[1]

发电装机较快增长，其中新能源是主要增量，太阳能发电新增装机规模超

---

[1]　关于电源建设更为详细的分析，详见《中国电源发展分析报告 2024》和《中国新能源发电分析报告 2024》。

过 **2 亿 kW**。2023 年，全国新增发电设备容量❶3.7 亿 kW，比上年增加 1.7 亿 kW、增长 85.9%。其中，火电新增 6567 万 kW，比上年增加 2000 万 kW、增长 43.8%，能源电力保供政策持续推进，火电新增规模创 2016 年以来新高。水电新增 1034 万 kW，比上年减少 1338 万 kW、下降 56.4%，新增规模创下 2020 年以来新低。核电新增 139 万 kW，比上年减少 89 万 kW、下降 39.1%。"双碳"目标影响下新能源新投产装机规模维持高位，风电新增 7566 万 kW，比上年增加 3705 万 kW、增长 96.0%，新增装机规模创历史新高；太阳能发电新增 2.2 亿 kW，比上年增加 1.3 亿 kW、增长 144.9%，新增装机规模明显攀升、创历史新高，接近 2019－2022 年累计太阳能发电装机增量。

煤电装机占比降至不足四成，风光装机总量突破 10 亿 kW。截至 2023 年底，全国全口径发电装机容量 29.2 亿 kW，比上年末增长 13.9%。火电 13.9 亿 kW，比上年增长 4.1%，其中煤电 11.6 亿 kW，比上年增长 3.4%，占全部装机容量的 39.9%，较上年降低 4.0 个百分点。水电 4.2 亿 kW，比上年增长 1.8%，其中常规水电 3.7 亿 kW、抽水蓄能 5094 万 kW。核电 5691 万 kW，比上年增长 2.4%。风电 4.4 亿 kW，比上年增长 20.7%。太阳能发电装机 6.1 亿 kW，比上年增长 55.2%。风电和太阳能发电合计装机规模从 2022 年底的 7.6 亿 kW，跨越式突破 8 亿、9 亿、10 亿 kW 大关，2023 年底达到 10.5 亿 kW，比上年增长 38.6%，占总装机容量比重为 36.0%，较上年提高 6.4 个百分点。非化石能源发电装机容量 15.7 亿 kW，占总装机容量比重首次突破 50%，达到 53.9%。2023 年新增装机和年末总装机结构如图 1 - 16 所示。

---

❶ 本报告中 2023 年全国、分能源品种、分地区新增发电设备容量有关数据，来自中电联发布的《2023 年全国电力工业统计快报》，这里新增发电设备容量指基建新增装机容量。

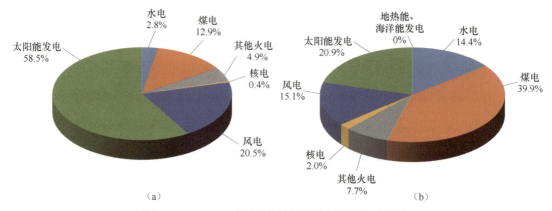

图 1 - 16　2023 年新增装机和年末总装机结构

（a）2023 年新增装机结构；（b）2023 年底发电装机结构

　　新增装机主要集中在华北、西北等区域。分区域看，华北、华东、华中、东北、西北、西南、南方电网区域（顺序下同）新增装机容量分别为 9426 万、5357 万、5556 万、1988 万、7514 万、1027 万、6039 万 kW，分别占全部新增装机容量的 25.5%、14.5%、15.0%、5.4%、20.4%、2.8%、16.4%。各电网区域新增装机容量中，新能源装机占比分别为 77.0%、77.6%、79.2%、87.5%、81.9%、77.1%、77.3%，东北新能源新增装机占总装机增量的比重最高。2023 年全国新增装机区域分布如图 1 - 17 所示，2023 年各省份风电和太阳能发电合计新增装机容量如图 1 - 18 所示。

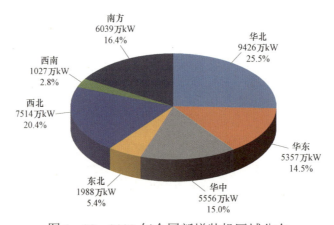

图 1 - 17　2023 年全国新增装机区域分布

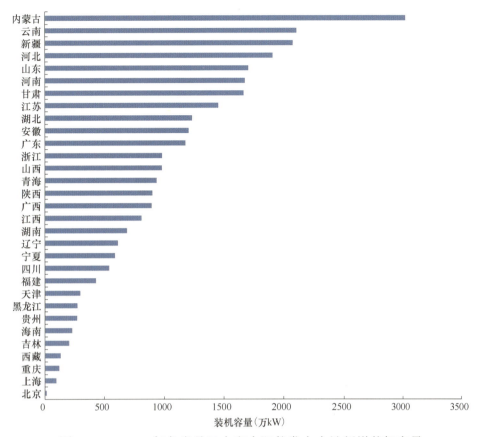

图 1-18　2023 年各省份风电和太阳能发电合计新增装机容量

煤电发电量占比仍接近六成，充分发挥兜底保供作用，新增发电量中接近五成来自风光发电量。2023 年，全国全口径发电量 92 888 亿 kW·h，比上年增长 6.7%。分类型看，火电发电量比上年增长 6.2%，其中，煤电发电量 5.38 万亿 kW·h，比上年增长 5.7%，占全口径总发电量的比重为 57.9%，煤电发电量占比高于装机占比 18.0 个百分点，仍是我国电力供应的主力电源。受年初主要水库蓄水不足以及上半年降水持续偏少影响，水电发电量比上年减少 5.0%。核电、风电、太阳能发电量比上年分别增长 3.9%、16.2%、36.4%，风电与太阳能发电量保持高速增长。新增发电量中，风光新增发电量所占比重达到 47.8%。可再生能源发电量比上年增长 8.3%，占总发电量的比重为 31.8%，较上年提高 0.5 个百分点，可再生能源发电量比重持续高于美国，达到欧盟 2017 年水平。

23

2023 年全国发电量（全口径）结构如图 1-19 所示。

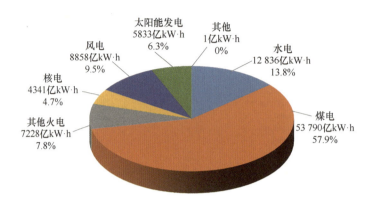

图 1-19　2023 年全国发电量（全口径）结构

火电、核电、风电发电设备利用小时均比上年提高，水电利用小时创 2012 年以来新低。2023 年，全国发电设备利用小时 3592h，比上年减少 101h。火电 4466h，比上年增加 76h，火电利用小时创下 2015 年以来次高（仅低于 2021 年），其中，煤电 4685h，比上年增加 92h；气电 2436h，比上年减少 4h。水电 3133h，比上年减少 285h，主要受来水偏枯影响，创 2012 年以来新低。核电 7670h，比上年增加 54h。风电 2225h，比上年增加 7h，创历史次高。太阳能发电 1286h，比上年减少 54h，为历史第三高。

（二）电网建设情况❶

电网建设投资增速创七年新高。2023 年，全国电网工程建设投资完成 5275 亿元，比上年增长 5.4%，增速较上年上升 3.4 个百分点，创 2017 年以来新高。

特高压工程建设加快推进。2023 年，国家电网公司经营区内，陇东－山东、哈密－重庆等 4 项特高压直流工程获得核准并开工，白鹤滩－浙江、驻马店－武汉、福州－厦门等 6 项特高压工程以及川藏铁路施工供电二期等一批重点工

---

❶　关于电网建设更为详细的分析，详见《中国电源发展分析报告 2024》。

程建成投产。

（三）跨区跨省输电情况

省间交易电量保持快速增长。2023年，国家电网公司经营区域总交易电量完成6.23万亿kW·h，比上年增长6.5%。省间交易电量完成1.40万亿kW·h，比上年增长6.4%；其中，清洁能源（水、风、光、核）电量5696亿kW·h，比上年增长6.1%，占省间交易电量的40.8%。水电送出3470亿kW·h，比上年增长1.5%；风电、太阳能发电等新能源送出1727亿kW·h，比上年增长19.2%。

特高压输送电量保持快速增长。2023年，在运16回特高压直流输送电量5390亿kW·h，比上年增长12.0%；平均利用小时为4031h，比上年增加45h。其中，锦苏、宾金、雅湖等7条直流送电量出现下降，复奉、宾金、锦苏主要受西南水电来水偏少影响。

1.1.4　2023年气象情况

2023年，我国气候状况总体偏差，暖干气候特征明显，涝旱灾害突出。全国平均气温为历史最高，降水量为2012年以来第二少。其中，迎峰度夏期间（6—8月），全国平均气温较常年同期偏高0.8℃，为1961年以来历史同期第二高。全国大部地区气温接近常年同期或偏高。全国平均降水量较常年同期偏少3.5%，主要多雨区出现在华北和东北地区，中东部降水总体呈"北多南少"分布。迎峰度冬期间（2023年11月—2024年2月），全国平均气温较常年同期偏高0.3℃。除内蒙古中东部、黑龙江大部、辽宁中西部、华北东部等地气温偏低0.5~2℃外，全国其余大部地区气温接近常年同期或偏高。全国平均降水量较常年同期偏多15.9%。全国大部地区降水较常年同期偏多，其中东北地区大部、内蒙古中西部、华北东南部等地偏多1~2倍，局地偏多2倍以上。

1.1.5 电力供需情况

2023 年，全国电力供需总体平衡。迎峰度夏期间，除个别地区用电高峰时段电力供需偏紧外，全国大部分地区电力供需平衡。一方面，尽管 2023 年度夏期间我国气候总体雨少温高，但空间分布差异大，主要经济、人口大省受台风、强对流天气等影响，但未出现上年同期连续极端高温天气；另一方面，各地区通过加强机组运维管理、降低机组受阻率、挖掘各类电源顶峰能力、临时增购外来电等措施，有效保障了度夏期间电力供应，为迎峰度夏电力保供提供了有力支撑。迎峰度冬期间特别是 12 月中下旬，受寒潮天气影响，用电负荷快速攀升，通过跨省跨区互济支援、增强电源顶峰能力、加强负荷管理等措施，我国电力供需整体保持平衡。

（本节撰写人：张莉莉、汲国强、刘青、郑志海、李想、孙林海、王阳

审核人：吴姗姗、袁佳双）

1.2 2024 年电力供需环境研判

1.2.1 宏观环境

（一）2024 年国际经济形势

1. 全球经济

2023 年全球经济增长总体放缓。2023 年，全球通胀压力仍较大，美欧央行持续加息，全球经贸增长承压，但同时后新冠疫情时期服务业恢复性增长对全球经济复苏起到一定支撑作用。世界银行 2024 年 1 月发布的《全球经济展望》报告估算，2023 年全球经济增速为 2.6%，较上年下降 0.4 个百分点；国际货币基金组织（IMF）2024 年 4 月发布的《世界经济展望》报告估算，2023 年全球经济增速为 3.2%，较上年下降 0.3 个百分点。其中，发达经济体增长分化，美

国经济超预期增长，欧元区经济增长较为低迷，日本经济增长渐趋乏力；多数新兴市场经济体增长普遍放缓，个别国家陷入经济危机。2000－2023 年全球经济增速如图 1 - 20 所示。

图 1 - 20　2000－2023 年全球经济增速

2024 年全球经济在缓慢复苏中持续分化。通胀水平演变和美欧货币政策转向对全球经济有着重要影响。短期内，美欧货币政策仍难以放松，高利率抑制全球经济增长。随着价格水平持续回落，下半年美欧大概率开始降息，推动全球经贸复苏，但不同国家经济增长表现分化。发达经济体中，美国经济较快增长，欧元区经济增长持续低迷，日本经济温和增长；新兴市场经济体中，出口导向型新兴市场经济体增长将逐步企稳，其他新兴市场经济体经济增长仍然乏力。此外，乌克兰危机、中东地区冲突等地缘政治冲突可能对全球贸易和物价形成冲击，构成全球经济恢复的潜在风险。国际货币基金组织于 2024 年 4 月预计 2024 年全球经济将增长 3.2%，处于历史相对低位水平。主要机构对 2024 年全球经济的预测如表 1 - 1 所示。

表 1 - 1　　　　　　　　主要机构对 2024 年全球经济的预测

机构名称	预测时间	2024 年预测结果	2023 年增速	较上次调整
IMF	2024 年 4 月 16 日	增长 3.2%	3.2%	上调 0.1 个百分点
联合国	2024 年 1 月 4 日	增长 2.4%	2.7%	下调 0.1 个百分点
世界银行	2024 年 1 月 9 日	增长 2.4%	2.6%	持平
OECD	2024 年 2 月 5 日	增长 2.9%	3.1%	上调 0.2 个百分点

美欧紧缩货币政策将适时转向。为遏制高通胀，在前期激进加息后，美欧等主要发达经济体自 2023 年起连续多次加息，利率水平达历史高位。随着利率水平走高，经济活动逐步受到明显抑制，通胀自高位趋于下降，美欧主要经济体自 2023 年下半年以来已连续多次暂停加息。受到惯性及劳动力市场紧张支撑，美国短期内通胀仍顽固，美联储大概率维持暂停加息，于下半年谨慎地降息。欧元区通胀较快下滑，欧洲央行将早于美联储开启降息。随着美欧进入降息进程，金融信贷条件趋于宽松，全球经济趋于复苏。

地缘政治冲突或对全球经济形成冲击。2023 年 10 月以来，巴以冲突再起并持续，胡塞武装封锁红海航道，对中东地区安全和全球局势带来巨大影响。据联合国贸易和发展会议估算，受红海航道封锁、商船避开苏伊士运河并绕行好望角的影响，苏伊士运河的商船吞吐量较高峰时期减少了 42%，而集装箱现货运费自 2023 年 11 月以来大幅增长。红海航道封锁和航运费用上涨，威胁中东地区能源以及欧洲地区粮食对外供应。此外，乌克兰危机未见终局，俄乌双方仍在激烈交火。中东地区冲突、乌克兰危机等地缘政治冲突构成阻碍全球贸易发展和推升全球通胀的潜在风险。

2. 美国

2023 年美国经济超预期增长。随着美联储持续加息，美国通胀有所回落，利率水平走高拖累了美国投资和生产景气，但受服务消费超预期增长、政府支出扩张的支撑，美国经济总体实现较快增长。GDP 比上年增长 2.5%，分季度季调环比折年率分别为 2.2%、2.1%、4.9%、3.4%。制造业 PMI 持续低于荣枯线，失业率仍普遍低于新冠疫情前水平，劳动力市场仍然紧张；从需求看，个人消费依次拉动季度环比增速 2.5、0.6、2.1、2.2 个百分点，但消费者信心指数低位波动，表明消费增长主要受前期新冠疫情补贴带来超额储蓄的支撑；政府消费支出和公共投资对经济增长形成有力支撑，依次拉动季度环比增速 0.8、0.6、1.0、0.8 个百分点；私人投资、出口增长均前慢后快，在下半年有所改善。2015 年以来美国 GDP 季度环比增速如图 1-21 所示。

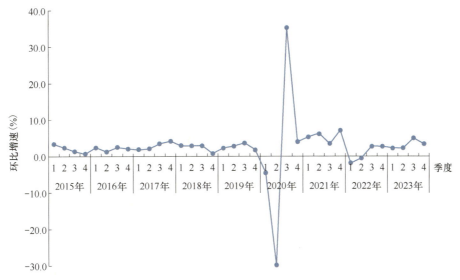

图 1-21　2015 年以来美国 GDP 季度环比增速

2024 年，美国经济有望实现良好增长。2024 年一季度，美国经济供需两端呈现扩张迹象，制造业 PMI 于 3 月回归扩张区间（50.3%），消费者信心指数回升至趋近 80% 水平，Sentix 投资指数逐步回升至 3 月的 16.8%；但同时，GDP 季调后环比折年率为 1.6%，不及市场普遍预期，CPI 仍高于 3%，3 月反弹至 3.5%，失业率仍低于 4%，劳动力市场仍然紧张。展望全年，短期内，受通胀仍然顽固、劳动力市场仍然紧张等因素影响，美联储难以退出货币紧缩进程，而随着通胀逐步下行，美联储开启降息，美国需求增长较 2023 年下半年有所放缓，但保持较快扩张。整体而言，美国经济有望延续良好增长态势。按 IMF 4 月预测结果，2024 年美国 GDP 增长 2.7%，增速比上年上升 0.2 个百分点。

3. 欧元区

2023 年欧元区经济增长较为低迷。受能源供应约束、劳动市场紧张影响，欧元区物价整体仍处于较高水平，货币紧缩政策持续激进推进，通胀有所回落，但生产和需求受到明显压制，经济增长和市场信心较为低迷。GDP 比上年增长 0.5%，分季度季调环比增速分别为 0%、0.1%、−0.1%、−0.1%。制造业 PMI 持续位于收缩区间；消费者信心指数延续上年低迷态势，均低于−15% 的历史低位，固定资产投资、出口增长均于二季度和三季度双双失速。2015 年以来各季度欧元区 GDP 环比增速如图 1 - 22 所示。

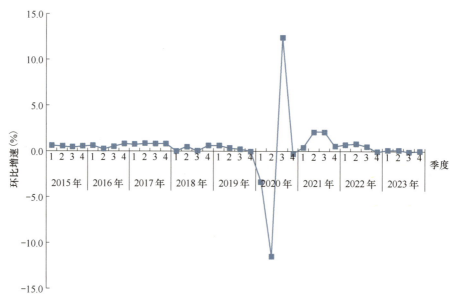

图 1 - 22　2015 年以来各季度欧元区 GDP 环比增速

2024 年，欧元区经济前景难有明显改观。2024 年一季度，欧元区经济虽有所回升，但仍然较为低迷，季调环比增速为 0.3%，虽然通胀持续下行至 3 月的 2.4%，但制造业 PMI 仍处于收缩区间，消费者信心指数仍在历史低位徘徊。展望全年，虽然通胀水平明显下降，但是欧元区经济增长动能仍有待复苏，将更容易受到外部因素影响和不确定性冲击。中东地区冲突和乌克兰危机的地缘政治冲突构成欧洲能源供应的潜在风险，若中东地区冲突持续甚至扩大化，欧元区通胀将再次飙升，拖累地区经济增长。按 IMF 4 月预测结果，2024 年欧元区 GDP 增长 0.8%，增速比上年上升 0.3 个百分点。

4. 日本

2023 年日本经济增长渐趋乏力。受宽松宏观政策、汽车出口回暖支撑，日本经济于上半年保持良好增长，但下半年内需不振拖累经济增长，全年总体实现温和复苏。GDP 比上年增长 1.9%，分季度季调环比增速分别为 1.1%、1.0%、−0.8%、0.1%；制造业 PMI 先升后降，仅 5 月高于荣枯线；私人消费扩张后劲不足，依次拉动分季度环比增速 0.4、−0.4、−0.2、−0.1 个百分点，消费者信心指数低于常年 40% 以上水平；投资总体前高后低，私人住宅投资、公共投资环比增速于三季度均跌入负区间；出口先升后降，净出口依次拉动环比增速−0.4、1.7、0、0.2 个百分点。2015 年以来日本各季度 GDP 环比增速如图 1 - 23 所示。

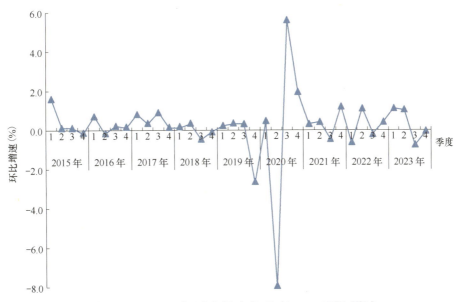

图 1 - 23 2015 年以来日本各季度 GDP 环比增速

2024 年，日本经济或将温和增长。2024 年一季度，日本经济整体延续疲软态势，制造业 PMI 持续低于荣枯线，消费者信心指数仍低于 40%，出口有所改善，前三月均实现良好增长。展望全年，短期内，受美欧利率保持高位、全球需求持续承压、输入性通胀影响，日本出口难有改善；日本居民消费表现疲软，在通胀仍然韧性的情况下仍将拖累内需和经济增长。随着美欧开启降息、外部环境趋于宽松，日本外需将逐步改善，带动经济触底回升，进而支撑全年经济温和增长。按 IMF 4 月预测结果，2024 年日本 GDP 增长 0.9%，增速比上年下降 1.0 个百分点。

5. 新兴市场经济体

2023 年新兴市场经济体经济增长整体放缓。受美欧持续加息的外溢影响，多数新兴市场经济体增长趋于放缓，特别是东南亚等出口导向型新兴经济体受外需下滑影响更明显，部分国家陷入经济危机。受出口收缩拖累，出口导向型新兴经济体如越南、马来西亚经济增速均较上年明显下降，两国出口均持续负增长。受美欧持续加息影响，部分新兴市场经济体如阿根廷陷入经济危机。多数国家经济活动景气下行，南非、巴西、马来西亚、越南等国制造业 PMI 在多数月份低于荣枯线。

2024 年，新兴市场经济体增长趋于分化。2024 年一季度，多数新兴市场经济体出口贸易有所改善，但其汇率仍不同程度下跌，多国央行不得不出手干预。展望全年，短期内，伴随着美欧利率持续高企、全球经济增长放缓，新兴市场经济体资本外流、货币贬值、债务危机加剧等外部风险难有明显改善。随着美欧开启降息，全球贸易趋于恢复，带动出口导向型的亚洲新兴经济体经济复苏，其他新兴市场经济体国家恢复相对滞后。

（二）2024 年我国宏观经济预测

1. 宏观经济政策

2024 年是实现"十四五"规划目标任务的关键一年，2024 年政府工作报告综合考虑了国内外形势和各方面因素，并与"十四五"规划和基本实现现代化的目标相衔接，提出 2024 年经济增长预期目标为 5%左右。报告指出实现 2024 年预期目标并非易事，需要政策聚焦发力、工作加倍努力、各方面齐心协力。宏观政策将更加积极协同作为，呈现力度大、重成效、强协同、优储备四大特点，为经济恢复持续提供有力支撑。积极的财政政策体现较强的结构性特征，强化国家重大战略任务财力保障。稳健的货币政策灵活适度、精准有效。总量上保持流动性合理充裕，统筹经济增长和价格水平目标。结构上加大对科技创新、绿色转型、普惠小微、数字经济等方面的支持力度。产业政策方面，政府工作报告提出大力推进现代化产业体系建设，加快发展新质生产力。充分发挥创新主导作用，以科技创新推动产业创新，加快推进新型工业化，提高全要素生产率，不断塑造发展新动能新优势，促进社会生产力实现新的跃升。

稳健的货币政策灵活适度、精准有效，总量和结构双重发力。一是保持流动性合理充裕，社会融资规模、货币供应量同经济增长和价格水平预期目标相匹配。2024 年将综合运用公开市场操作、中期借贷便利、再贷款再贴现、准备金等基础货币投放工具，为社会融资规模和货币信贷合理增长提供有力支撑。**二是**发挥好货币政策工具总量和结构双重功能，聚焦五篇大文章和"三大工程"，引导金融机构加大对科技金融、绿色金融、普惠金融、养老金融、数字金融的支持力度，落实金融支持民营经济 25 条，加大对保障性住房建设、"平急两用"公共基础设施建设、城中村改造的金融支持力度。**三是**深入推进利率市场化改革，畅通货币政策传导渠道，促进社会综合融资成本稳中有降。**四是**保持人民币汇率在合理均衡水平上的基本稳定。继续实施以市场供求为基础、参考一篮子货币进行调节、有管理的浮动汇率制度，综合施策、稳定预期，防范汇率超调风险。**五是**持续有效防范化解中小金融机构、地方债务、房地产等重点领域风险，守住不发生系统性风险的底线。

积极的财政政策适度加力、提质增效。**在适度加力方面**，主要是保持适当支出强度，释放积极信号，合理安排政府投资规模，发挥好带动放大效应，加大均衡性转移支付力度，兜牢基层"三保"底线，优化调整税费政策，提高精准性和针对性。**在提质增效方面**，提高资金效益和政策效果，并加强与其他宏观政策协同联动，同向发力、形成合力，最大程度提升宏观政策的调控效能。

在优化财政支出结构方面，围绕高质量发展要求，强化国家重大战略任务财力保障，重点做好八方面工作：支持加快现代化产业体系建设，支持扩大国内需求，支持深入实施科教兴国战略，支持保障和改善民生，支持抓好"三农"工作，支持推进城乡融合、区域协调发展，支持加强生态文明建设，支持扩大高水平对外开放。为化解地方政府债务风险，部分债务负担较重的省份新增政府投资项目受到一定制约。

推进现代化产业体系建设，加快发展新质生产力。政府工作报告将"大力推进现代化产业体系建设，加快发展新质生产力"放在 2024 年十大工作任务的首位，对产业建设的重视程度进一步上升。通过加强科技创新，推动产业创新与新质生产力❶发展，既是对创新驱动发展战略的落实，也是对当前面临关键技术"卡脖子"问题和发展模式亟须转变的回应。推动产业链供应链优化升级，实施制造业重点产业链高质量发展行动，着力补齐短板、拉长长板、锻造新板，增强产业链供应链韧性和竞争力。在重点领域方面，政策强化支持人工智能、生物制造、商业航天、低空经济、量子生命科学等新兴产业领域。数智技术、绿色技术赋能传统产业转型升级。

促进消费稳定增长，积极扩大有效投资。2024 年政府工作报告提出，从增加收入、优化供给、减少限制性措施等方面综合施策，激发消费潜能。着力扩大国内需求，推动经济实现良性循环。把实施扩大内需战略同深化供给侧结构性改革有机结合起来，更好统筹消费和投资，增强对经济增长的拉动作用。消费方面，促进消费稳定增长。培育壮大新型消费，实施数字消费、绿色消费、健康消费促进政策，积极培育智能家居、文娱旅游新的消费增长点。稳定和扩大传统消费，鼓励和推动消费品以旧换新，推动养老、育幼、家政等服务扩容提质。投资方面，积极扩大有效投资。发挥好政府投资的带动放大效应，重点

---

❶ 新质生产力是由技术革命性突破、生产要素创新性配置、产业深度转型升级而催生的当代先进生产力，它以劳动者、劳动资料、劳动对象及其优化组合的质变为基本内涵，以全要素生产率提升为核心标志。

支持科技创新、新型基础设施、节能减排降碳，加强民生等经济社会薄弱领域补短板，推动各类生产设备、服务设备更新和技术改造，加快实施"十四五"规划重大工程项目。

2. 宏观经济预测

根据 2024 年国际环境变化趋势和宏观政策力度及效果，设计高、中、低三种方案来分析 2024 年经济运行情况。

方案一（低方案）：全球经济复苏步伐放缓，国内经济增长动力不足，房地产、地方债务、金融等重点领域风险未能有效化解，宏观政策力度和效果不及预期。

在该方案下，外需对经济增长的贡献减弱，国内经济增长动力不足。主要表现在以下几个方面：**一是**高利率持续下，金融和债务风险仍突出，美欧货币决策困境难以改善，叠加地缘政治风险，若通胀反弹明显、货币持续过快紧缩，全球经济复苏步伐将进一步放缓，预计 2024 年全球 GDP 增速将放缓至 2.7%，外需对经济增长的贡献减弱，预计 2024 年我国出口零增长。**二是**地方政府债务承压下财政政策空间受限，宏观政策力度不及预期。外需对制造业的拉动作用减弱，制造业投资增速放缓；房企债务压力仍较大、调整周期较长，房地产投资难有明显改善；地方债务风险未能有效化解，稳投资及财政金融支持政策力度不及预期，基础设施投资增速小幅放缓；预计投资增速为 4.5%左右。**三是**新冠疫情的"疤痕效应"影响持续，居民消费意愿和能力尚未完全恢复，促消费等政策效果不及预期，预计消费比上年增长 5.0%左右。**综上所述，预计 2024 年 GDP 增速为 4.8%左右，三次产业增加值增速分别为 3.3%、4.6%和 5.1%。**

方案二（中方案）：全球经济复苏进程平稳，国内房地产、地方债务、金融等重点领域风险部分化解，宏观政策将保持力度，内需温和恢复。

在该方案下，全球经济仍保持显著韧性，随着通胀向目标水平回落，经济实现较为平稳的增长，内需温和恢复，国内消费、投资是国内经济平稳增长的主要动力，我国经济将向潜在增速水平❶回归。主要表现在以下几个方面：**一是**全球经济复苏进程平稳，发达经济体的经济增速将小幅加快，新兴市场和发展中经济体经济增长较为稳定。预计 2024 年全球经济比上年增长 3.2%左右，增速与 2023 年增速持平，低于 3.8%的历史（2000－2019 年）年均水平。外需平稳恢复，美国对华战略遏制持续，供应链转移压力仍存，我国出口将延续低位增长，预计 2024 年我国出口增长 3.0%。**二是**有效益的投资持续扩大，投资总体保持平稳增长。政府投资的带动放大效应将进一步显现，科技创新和新动能产业投资进入爆发期，数智技术、绿色技术赋能带动制造业更新改造投资，预计制造业投资稳定增长；投融资机制创新有望支撑基建投资保持较快增长；保障性住房和城中村改造工程持续推进，房地产风险有望通过融资环境改善得到稳妥化解，房地产投资增速有望由负转正。预计固定资产投资增长 4.8%左右，投资的稳经济"压舱石"作用凸显。**三是**消费将从疫后恢复转向持续扩大。随着促进城乡居民收入增加和消费环境优化等政策实施，协同推进新型消费和传统消费增长，以质效标准提升为指引的消费品以旧换新有望成为新增长点。消费对经济支撑作用增强，预计消费比上年增长 5.5%左右。**综上所述，预计 2024 年 GDP 增速为 5.2%左右，三次产业增加值增速分别为 3.8%、5.0%和 5.5%。**

方案三（高方案）：全球经济加快恢复，国内房地产、地方债务、金融等重点领域风险有效化解，宏观政策力度和效果强于预期，国内经济内生动力持续增强。

在该方案下，新冠疫情的"疤痕效应"基本消退，市场主体的预期改善，对未来发展的信心显著恢复，投资和消费行为回归常态。主要表现在以下几个方面：**一是**全球经济加快复苏，预计全球 GDP 比上年增长 3.7%，增速较 2023 年上升 0.5 个百分点，恢复至新冠疫情前 20 年的平均水平。受外需拉动，我国出口保持较快增长，预计 2024 年出口增长 5.0%左右；**二是**扩大有效投资、促进新型基础设施建设相关政策拉动作用明显，基建投资较快增长；产业循环不断畅通，工业效益转好，制造业投资增速持续回升；房地产调控政策放松，因

---

❶ 国内主要机构测算"十四五"我国经济潜在增速为 5.0%～5.5%。

城施策加大力度支持刚需和改善性住房需求，房地产销售回暖，房地产市场风险有效化解，房地产投资平稳增长；预计固定资产投资增速约为 5.1%。三是新冠疫情的"疤痕效应"基本消退，扩大消费、稳定就业、保障民生等政策效应显著，居民消费意愿和能力提升，消费对经济发展的基础性作用进一步增强，大宗消费和服务消费将起主要拉动作用，预计消费增长 5.8%左右。**综上所述，预计 2024年 GDP 增速为 5.5%左右，三次产业增加值增速分别为 4.3%、5.3%和 5.8%。**

三种方案下 2024 年我国经济各项指标预计如表 1 - 2 所示。

表 1 - 2　　　　2024 年我国经济各项指标预计　　　　%

指标（增速）	2023 年	2024 年	
GDP	5.2	方案一（低方案）	4.8
		方案二（中方案）	5.2
		方案三（高方案）	5.5
第一产业	4.1	方案一（低方案）	3.3
		方案二（中方案）	3.8
		方案三（高方案）	4.3
第二产业	4.7	方案一（低方案）	4.6
		方案二（中方案）	5.0
		方案三（高方案）	5.3
第三产业	5.8	方案一（低方案）	5.1
		方案二（中方案）	5.5
		方案三（高方案）	5.8
工业增加值	4.6	方案一（低方案）	4.6
		方案二（中方案）	5.0
		方案三（高方案）	5.3
投资	3.0	方案一（低方案）	4.5
		方案二（中方案）	4.8
		方案三（高方案）	5.1
消费	7.2	方案一（低方案）	5.0
		方案二（中方案）	5.5
		方案三（高方案）	5.8

续表

指标（增速）	2023 年	2024 年	
出口	0.6	方案一（低方案）	0.0
		方案二（中方案）	3.0
		方案三（高方案）	5.0

2024 年是实现"十四五"规划目标任务的关键一年，随着各项政策落地见效，预计我国经济保持稳定增长态势，发展质量持续提高。**消费方面**，就业形势总体稳定，居民收入稳步增长，新冠疫情的"疤痕效应"逐步减弱，居民消费能力和消费意愿逐步提高，消费对经济支撑作用增强；**投资方面**，政策持续支撑下投资保持平稳，新型基础设施投资快速增长，制造业高端化、智能化绿色化发展持续推进，引领制造业投资平稳增长，房地产投资将基本保持上年水平；**进出口方面**，全球经济延续增速放缓态势，出口延续低速增长。综合考虑各方面因素，上述三个方案中的中方案为推荐方案。

分区域看，中部地区工业持续复苏，经济增长平稳；长三角区域一体化优势凸显，华东地区经济保持较快增长；大湾区建设加快推进，在制造业高质量发展和数字经济拉动下，华南地区经济增长加快；西部地区承接产业转移和布局优化，加快数字产业和新能源发展，经济保持较快增长；东北地区全面振兴实现新突破，经济增速回升。我国已经初步形成了以区域发展总体战略为基础，以全国战略（规划）为指导，以"一带一路"建设、京津冀协同发展、长江经济带发展、黄河流域生态保护和高质量发展等为引领的"总体战略+战略规划+实施战略+协调机制"四位一体的区域发展战略体系基本框架，这将进一步优化我国区域发展格局、不断培育和释放发展潜力、充分发挥我国超大规模市场优势和内需潜力。东部地区拥有人力资本集中、科技水平高、制造能力强、产业链供应链相对完备、市场潜力大和改革开放条件好等综合优势，是我国高质量发展的重要动力源。长三角区域优势凸显，区域一体化成果显现，区域分工更明确，区域内大产业链、全产业链越来越完善、平衡，传统产业链在长三角拉长、资源配置更完善，新兴产业链扩散得更快，新冠疫情平稳转段以来经济快速恢复，在全国经济发展中继续发挥引领作用。广东着力加快粤港澳大湾区建设；广西深入推进制造业高质量发展，"千企技改"项目 1000 个以上；海南依托自贸港定位，重点提升营商环境、促进国际旅游消费提档升级。预计华南地区经济增速将有所加快。中部地区部分省份中低端外贸加工占比较高、对土地财政依赖较大，受全球贸易回暖、美欧制造业回升影响，中部地区工业持续复苏，经济增长平稳。西部地区凭借国内产业转移和布局优化政策持续推进并释放红利，在绿色能源、数字产业、数字贸易、文化旅游等领域发展优势凸显，产业投资潜力较大。东北地区全面振兴实现新突破，沈阳、大连跨入地区生产总值过万亿城市行列，升级产业基地，发展新兴产业，开创持续振兴新局面。根据上述预测的推荐方案，给出各省份的经济增速预测值如表 1 - 3 所示。

表 1 - 3	2024 年各省份经济增速预测值	%
地区	2023 年	2024 年
北京	5.2	5.0
天津	4.3	4.0
河北	5.5	5.5
山西	5.0	5.0
山东	6.0	5.0
内蒙古	7.3	5.5
辽宁	5.3	5.0
吉林	6.3	5.5
黑龙江	2.6	5.0
上海	5.0	5.0
江苏	5.8	5.0
浙江	6.0	5.5
安徽	5.8	6.0
福建	4.5	5.5
河南	4.1	5.5
江西	4.1	5.0

续表

地区	2023 年	2024 年
湖北	6.0	6.0
湖南	4.6	6.0
重庆	6.1	5.5
四川	6.0	6.0
西藏	9.5	8.0
陕西	4.3	5.5
甘肃	6.4	5.5
青海	5.3	4.5
宁夏	6.6	5.5
新疆	6.8	6.5
广东	4.8	5.0
广西	4.1	4.5
海南	9.2	8.0
贵州	4.9	5.5
云南	4.4	5.0

1.2.2 中观环境

（一）重点行业[1]

2023 年，重点行业生产运行整体保持平稳，高质量发展取得新突破，有力支撑了国民经济持续回升向好。但受国际形势复杂严峻、市场需求不足、产品价格下降、成本上升等因素影响，部分行业仍面临一系列困难。

2024 年《政府工作报告》提出，要以科技创新推动产业创新，加快推进新型工业化，不断塑造发展新动能新优势，推动产业链供应链优化升级，实施制造业重点产业链高质量发展行动，实施制造业技术改造升级工程，推动传统产业高端化、智能化、绿色化转型，积极培育新兴产业和未来产业。2024 年 3 月，国务院印发《推动大规模设备更新和消费品以旧换新行动方案》，对提振市场需

---

[1] 关于典型重点行业更为详细的分析，请见行业篇介绍。

求、提高国民经济循环质量起到积极作用，将有力推动工业特别是制造业高质量发展，提升产业高端化、智能化、绿色化水平。

综合考虑国内外经济形势，预计 2024 年重点行业仍然面临有利与不利因素交织、机遇与挑战并存的局面，但受各项宏观调控政策落地显效影响，预计行业发展环境较上年有进一步改善。市场需求不断释放、行业供需适配度增强将带动传统行业用电量保持平稳增长，现代化产业体系加快建设、新质生产力加快发展将带动新基建、新动能行业用电量快速增长，"双碳"战略稳步推进影响下低能耗、高附加值产业将快速发展，对用电增长拉动作用进一步凸显[2]。

（二）气象情况

预计迎峰度夏期间，除内蒙古东部、辽宁、吉林、黑龙江等地气温接近常年同期外，全国大部地区气温较常年同期偏高。其中，北京、天津、河北、山西北部、内蒙古西部、浙江东南部、福建、台湾、江西南部、湖南南部、广东、广西、海南、贵州南部、云南、陕西北部、宁夏北部、甘肃西部、青海西北部、新疆等地偏高 1～2℃，上述大部地区高温（日最高气温不低于 35℃）日数较常年同期偏多，可能出现阶段性高温热浪。

预计迎峰度夏期间，我国东部季风区降水总体偏多。华北、内蒙古东部、东北、华东大部、华中大部、西南地区北部、西藏西部、西北地区东部等地降水偏多，其中华北南部、东北大部、华东北部、华中大部、西南地区东北部、西北地区东部降水明显偏多。华南、西南地区南部、新疆等地降水较常年同期偏少，可能出现阶段性气象干旱。主要流域中，长江中下游、淮河流域、太湖流域、松花江流域、黄河中下游降水较常年同期明显偏多，暴雨过程多，可能有较重汛情；海河流域、辽河流域可能出现汛情；珠江流域降水较常年同期偏少。

（三）一次能源

煤炭产量具有一定不确定性，煤价总体处于合理区间。2024 年一季度，全国原煤产量下降 4.1%，山西减产幅度较大，后面山西减产情况和其他省份增产情况存在不确定性。虽然我国恢复了煤炭进口关税，但印尼、澳大利亚最惠国待遇不受影响，澳大利亚煤炭进口有增加空间，印尼由于煤炭产量减少可能影响对我国出口；俄罗斯由于恢复弹性出口关税，俄煤进口可能减少；综合来看，2024 年我国煤炭进口仍将保持高位或小幅减少。随着清洁能源发电占比进一步上升，预计 2024 年煤炭消费量小幅增长 1%左右。综合来看，2024 年煤炭新增供应和煤炭消费增长基本匹配，煤价总体呈波动下行趋势。

原油供应和需求稳中有升，整体供需平衡。供应方面，国内原油产量稳定在 2 亿 t，石油产供储销体系不断完善。需求方面，国内石油需求增长动能从缺口修复逐步切换到内生驱动，石油需求或在能效提升和内生增长并重的格局之下面临增长降速压力。预计 2024 年国内石油需求增速或降至 3%左右。综合考虑供应侧和需求侧因素，预计全年石油供需整体平衡。

国内天然气产量和需求将进一步提升，供需相对宽松。供应方面，我国天然气继续保持较好增产势头，天然气进口量进一步增长，进口 LNG 规模大幅增长。需求方面，我国天然气市场将止跌回升，逐步回温，预计 2024 年全国天然气表观消费量增速将达 6%～8%。综合考虑各方面因素，预计全年我国天然气供需相对宽松。

1.2.3 微观环境

（一）业扩报装

国家电网公司经营区域业扩净增容量较快增长，为后续用电增长提供有力支撑。2023 年，国家电网公司经营区域累计完成业扩净增容量 7.7 亿 kV · A，比上年增长 32.3%。其中，三次产业和居民生活累计完成业扩净增容量比上年分别增长 20.8%、43.9%、18.3%、32.3%，第二产业增速最高。经济稳中向好，企业生产经营活动持续扩张，将有力支撑后续用电量较快增长。近年来国家电网公司经营区域累计完成业扩净增容量及全社会用电量对比如图 1 - 24 所示。

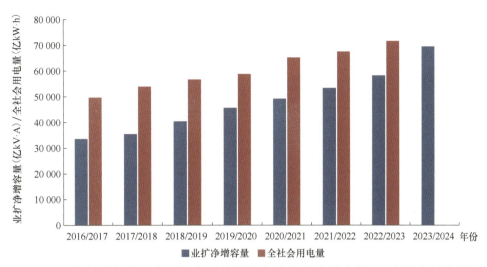

图 1 - 24　近年来国家电网公司经营区域累计完成业扩净增容量❶及全社会用电量对比

（二）经济景气电力指数❷

我国企业景气度仍在调整，中小企业景气度初现向好。2024 年 6 月，我国制造业采购经理指数（PMI）为 49.5%，与上月持平，制造业景气度基本稳定，其中大、中、小型企业 PMI 分别环比变化–0.6、0.4、0.7 个百分点，中小型企业景气度仍低于大型企业；经济景气电力同步指数为 101.1，较上月微降 0.5，但高于上年同期 3.6，表明经济保持稳定恢复态势。近年来我国制造业 PMI 及分企业类型 PMI 变化趋势如图 1 - 25 所示。

先行指数预示我国经济将稳中有升。2024 年 6 月，我国制造业新订单指数为 59.5%，与上月基本持平；经济景气❸电力先行指数为 98.9，略高于上月 0.1，预计三季度我国经济可能稳中有升。近年来国家电网公司经济景气电力同步指数、先行指数变化趋势如图 1 - 26 所示。

---

❶　业扩净增容量将在未来一年影响到全社会用电量，故而图中 2016/2017 对应的柱形图中，业扩净增容量为 2016 年，全社会用电量为 2017 年。

❷　经济景气电力指数，是从众多行业用电量、业扩报装容量等指标中选择出相对经济基准指标具有先行性、同步性的指标组，进而合成经济景气电力同步指数、先行指数，其中同步指数反映宏观经济运行当前状况；先行指数可以反映未来几个月的经济走势。

❸　基于"网上电网"系统中经济景气电力指数功能进行测算。

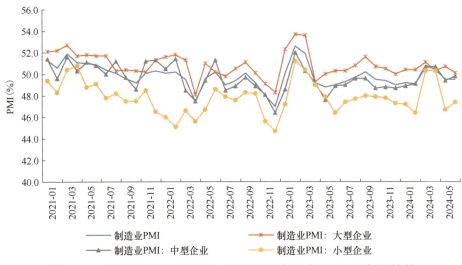

图 1-25 近年来我国制造业 PMI 及分企业类型 PMI 变化趋势

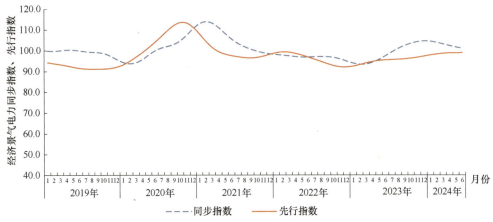

图 1-26 近年来国家电网公司经济景气电力同步指数、先行指数变化趋势

（本节撰写人：吴陈锐、张莉莉、汲国强、姚力、刘之琳、刘青、王向、郑志海、李想、孙林海、王阳　审核人：吴姗姗、袁佳双）

1.3　2024 年电力需求预测

1.3.1　2024 年全社会用电量

2024 年全社会用电量预测边界条件主要有以下几个方面：**国际经济方面，**

44

全球经济复苏进程平稳；**国内经济方面**，我国经济保持平稳增长，增速向潜在增速水平回归，消费将从新冠疫情后恢复转向持续扩大，对经济支撑作用增强，有效益的投资持续扩大，投资总体保持平稳增长，出口将延续低位增长。**气温方面**，度夏期间全国平均气温较常年同期偏高，度冬期间全国平均气温接近常年同期水平，气温因素支撑下降温和采暖用电保持较快增长。此外，闰年因素也对 2024 年全社会用电量增长形成一定拉动效应。

综合考虑各方面因素，结合经济预测三个方案，设置高、中、低三个用电增长方案，采用国家电网公司电力供需实验室模型，**预计 2024 年全国全社会用电量增速处于 5.5%～7.5%区间。**

低方案的边界条件是经济低方案和度夏气温接近常年同期水平。在此方案下，预计 2024 年全国全社会用电量增速约为 5.5%，其中经济、气温、闰年因素分别拉动 5.3、−0.1、0.3 个百分点。

中方案的边界条件是经济中方案和度夏气温较常年同期偏高。在此方案下，预计 2024 年全国全社会用电量增速在 6.5%左右。与低方案相比，经济、气温因素拉动率均上升 0.5 个百分点，闰年因素拉动率不变。

高方案的边界条件是经济高方案和出现大范围极端天气。在此方案下，预计 2024 年全国全社会用电量增速约为 7.5%。与中方案相比，经济因素拉动率上升 0.4 个百分点，受极端天气影响，气温因素拉动率上升 0.6 个百分点，闰年因素拉动率不变。

2024 年全社会用电量预测结果如表 1 - 4 所示。2024 年各方案下经济、气温、闰年因素对全社会用电量增长的拉动率如图 1 - 27 所示。

表 1 - 4　　　　　　　2024 年全社会用电量预测结果

类别	2023 年用电量增速（%）	2024 年用电量及增速预测					
		低方案		中方案（推荐）		高方案	
		用电量（亿 kW·h）	增速（%）	用电量（亿 kW·h）	增速（%）	用电量（亿 kW·h）	增速（%）
全社会用电	6.7	97 279	5.5	98 217	6.5	99 191	7.5
第一产业	11.5	1380	8.0	1405	10.0	1431	12.0

续表

类别	2023 年用电量增速（%）	2024 年用电量及增速预测					
		低方案		中方案（推荐）		高方案	
		用电量（亿 kW·h）	增速（%）	用电量（亿 kW·h）	增速（%）	用电量（亿 kW·h）	增速（%）
第二产业	6.5	63 519	4.6	63 890	5.2	64 245	5.8
第三产业	12.2	18 068	8.2	18 409	10.3	18 764	12.4
居民生活	0.9	14 311	5.8	14 513	7.3	14 751	9.1

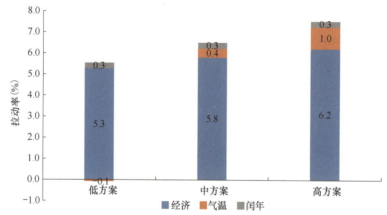

图 1-27 2024 年各方案下经济、气温、闰年因素对全社会用电量增长的拉动率

总体来看，尽管面临一系列内外部困难和挑战，但我国经济发展内生动力不断积聚，各项宏观调控政策精准发力，经济回升向好的基本趋势不会改变。我国经济平稳向好成为用电增长的托底因素。气温因素拉动下，我国降温采暖用电保持较快增长态势，对用电增长形成有力拉动。综合各方面因素，推荐方案为中方案，预计 2024 年全国全社会用电量 9.8 万亿 kW·h，增速在 6.5% 左右，较 2022—2023 年年均增速回升 1.3 个百分点。具体情况如下：

分部门看，受农业现代化、电气化水平提升拉动，第一产业用电量延续近年来快速增长态势，预计比上年增长 10.0% 左右。传统产业不断转型升级，新质生产力持续发展壮大，大规模设备更新和消费品以旧换新激发需求潜力进一步释放，推动第二产业用电量比上年增长 5.2% 左右，增速较 2022—2023 年年均增速回升 1.4 个百分点。各项促消费政策进一步激发消费潜能，传统消费稳步回升，新型消费增长点不断涌现，消费场景不断拓展，助推第三产业用电量比上年增长 10.3%，增速较 2022—2023 年年均增速回升 2.0 个百分点。政策促进下家用电器以旧换新步伐加快，居民家庭电气化水平持续提升，支撑居民生活用电量比上年增长 7.3%左右，保持较快增长态势。从贡献率来看，三次产业和居民生活对用电量增长的贡献率分别为 2.1%、52.7%、28.7%、16.5%，第二产业、第三产业仍然是拉动全社会用电量增长的主要动力，居民生活用电量对全社会用电量增长的贡献率较上年显著上升，各部门对全社会用电量增长的贡献更趋均衡。

分季度看，预计 2024 年四个季度用电量增速分别为 9.8%、5.5%、5.8%和 5.1%，总体呈"前高后稳"态势。2021 年以来全社会用电量分季度走势（中方案）如图 1 - 28 所示。

图 1 - 28　2021 年以来全社会用电量分季度走势

1.3.2　2024 年分区域用电量

华北（含蒙西）电网区域在"双碳"目标引领下，经济增长、能源结构优化、环境治理之间的协调平衡将是其重点工作。在宏观调控政策推动下，华北电网区域传统产业持续转型升级，战略性新兴产业逐步发展壮大，潜在消费不断激发，投资力度逐步加大，贸易结构不断优化，地区经济有望保持稳步增长。考虑到传统高耗能行业和战略性新兴产业对用电增长的支撑作用，预计华北电网区域全社会用电量增速为 5.3%～7.4%。

华东电网区域在各项宏观调控政策支撑下，将以重大项目、交通与新基建为抓手着力扩大有效投资，以贸易平台升级、跨境电商+产业、外资扩优等举措着力巩固外贸基本盘，着力激发、释放有潜能的消费，大力促进数字经济发展、集群及产业链发展、传统产业转型升级，深入推进新型工业化，预计地区经济将呈逐季回升向好态势。预计华东电网区域全社会用电量保持较快增长，增速为 5.6%～7.7%。

华中电网区域尽管受需求不振等因素拖累，2023 年经济增速落后于全国平均水平，但自身资源、区位、产业基础等优势仍存，未来一段时期稳增长政策落地显效、经济转型步伐加快、新动能快速成长将成为支撑地区经济增长的主要动力，预计 2024 年地区工业增加值增速较上年有所回升，新质生产力加快发展壮大，固定资产投资增速企稳回升，消费回归常态化增长，外贸维持低速增长。各方面因素拉动下，预计全年 GDP 增速重新高于全国平均水平，呈现恢复性增长态势，预计华中电网区域全社会用电量增速为 4.7%～6.8%，较上年有显著回升。

东北电网区域在新时代东北全面振兴战略背景下，地区产业结构转型升级加快，新动能加速成长，新型工业化进程加快，同时受冰雪经济带动，地区消费活力进一步释放，服务业持续回升向好。各方面因素支撑下，地区经济恢复性增长态势显著，预计全年 GDP 增速较上年进一步上升。预计东北电网区域全社会用电量增速约为 4.6%～6.7%，其中蒙东受第二产业大用户增产拉动，全社会用电量快速增长，对东北电网区域用电增长拉动作用显著。

西北电网区域❶在"一带一路"、推动黄河流域生态保护和高质量发展、新

---

❶ 本节西北电网区域用电量统计范围包括国家电网公司经营区域口径和地方电网口径。

时代西部大开发等一系列战略深入实施的背景下，继续发挥能源矿业资源丰富、地理区位独特等优势，一方面积极承接中东部地区产业转移，另一方面大力推进现代化产业体系建设，加快发展新质生产力，经济增长潜力有望继续释放，预计全年 GDP 增速显著高于全国平均水平。综合各方面因素，预计西北电网区域用电量增速约为 5.9%～7.9%。

西南电网区域❶在"一带一路"、长江经济带、新时代西部大开发等国家战略推动下，持续推进成渝地区双城经济圈建设，动力电池、晶硅光伏、电子信息等产业集群发展持续加速，战略性新兴产业不断培育壮大，促进制造业高质量发展的积极因素不断积累，预计全年 GDP 增速显著高于全国平均水平。综合各方面因素，预计西南电网区域全社会用电量增速约为 6.1%～8.1%，延续近年来较快增长态势。

南方电网区域将充分发挥自身产业、区位优势，经济保持平稳向好态势。具体省份来看，广东经济韧性较强，粤港澳大湾区建设深入推进，成为拉动地区经济增长的重要动力；云南、广西、贵州继续承接中东部地区产业转移并打造本地特色优势产业，内需潜力进一步释放，经济保持较快发展；海南以自由贸易港建设为契机，大力发展旅游业、现代服务业、高新技术产业等，经济增长动能强劲。综合各方面因素，预计南方电网区域全社会用电量增速为 5.7%～7.7%。

推荐方案为中方案。在中方案下，华北（含蒙西）、华东、华中、东北、西北、西南、南方电网区域全社会用电量增速分别为 6.3%、6.7%、5.8%、5.7%、6.9%、7.1%、6.7%，增速较上年分别变化-1.4、0.2、2.7、0.4、-1.4、0.5、-0.8 个百分点，其中华中电网区域用电增速较上年有显著回升，西南电网区域用电增速领跑全国。2024 年全国及各地区全社会用电量预测结果如表 1－5 所示。

---

❶ 本节西南电网区域用电量统计范围包括国家电网公司经营区域口径和地方电网口径。

表 1 - 5　　　　　　　2024 年全国及各地区全社会用电量预测结果

地区	2023 年增速（%）	2024 年全年预测					
		低方案		中方案		高方案	
		用电量（亿 kW·h）	增速（%）	用电量（亿 kW·h）	增速（%）	用电量（亿 kW·h）	增速（%）
全国合计	6.7	97 279	5.5	98 217	6.5	99 191	7.5
国家电网公司	6.1	75 653	5.2	76 388	6.2	77 118	7.2
华北区域（含蒙西）	7.8	23 304	5.3	23 529	6.3	23 763	7.4
华北区域（不含蒙西）	6.6	18 848	4.3	19 032	5.3	19 216	6.3
北京	6.0	1413	4.1	1427	5.1	1441	6.2
天津	6.0	1096	4.3	1107	5.3	1117	6.3
冀北	8.4	2107	4.2	2128	5.2	2149	6.2
河北南	10.4	2906	6.3	2934	7.3	2962	8.3
山西	6.0	3041	5.4	3071	6.4	3101	7.5
山东	5.4	8221	3.2	8302	4.2	8383	5.2
蒙西	13.2	4456	10.0	4497	11.0	4540	12.1
华东区域	6.4	23 434	5.6	23 660	6.7	23 886	7.7
上海	5.9	1913	3.5	1932	4.5	1951	5.5
江苏	5.9	8220	4.9	8300	6.0	8380	7.0
浙江	6.8	6544	5.7	6607	6.7	6672	7.7
安徽	7.4	3488	8.5	3521	9.5	3553	10.5
福建	6.6	3264	5.6	3295	6.7	3328	7.7
华中区域	3.0	11 626	4.7	11 740	5.8	11 853	6.8
湖北	2.2	2840	4.9	2867	5.9	2896	7.0
湖南	1.8	2411	5.9	2434	6.9	2457	7.9
河南	4.6	4244	3.8	4286	4.8	4329	5.9
江西	2.1	2128	5.1	2149	6.1	2170	7.1
东北区域	5.3	5822	4.6	5878	5.7	5937	6.7
辽宁	4.4	2782	4.5	2809	5.5	2837	6.5
吉林	8.9	961	3.5	971	4.6	980	5.6
黑龙江	3.9	1215	2.7	1227	3.7	1239	4.7
蒙东	8.3	848	9.6	856	10.6	864	11.7

续表

地区	2023 年增速（%）	2024 年全年预测					
		低方案		中方案		高方案	
		用电量（亿 kW·h）	增速（%）	用电量（亿 kW·h）	增速（%）	用电量（亿 kW·h）	增速（%）
西北区域	**8.3**	**10 935**	**5.9**	**11 041**	**6.9**	**11 146**	**7.9**
陕西	3.3	2590	5.7	2615	6.7	2641	7.8
甘肃	9.6	1733	5.4	1750	6.4	1767	7.4
青海	10.4	1064	4.5	1075	5.5	1086	6.6
宁夏	11.0	1476	6.4	1490	7.4	1504	8.4
新疆	9.6	4065	6.4	4104	7.4	4144	8.5
西南区域	**6.6**	**5625**	**6.1**	**5679**	**7.1**	**5733**	**8.1**
四川	7.7	3 936	6.1	3974	7.1	4013	8.1
重庆	3.5	1 537	5.8	1552	6.8	1567	7.8
西藏	14.0	149	10.3	151	11.3	152	12.3
南方区域	**7.5**	**16 625**	**5.7**	**16 786**	**6.7**	**16 946**	**7.7**
广东	8.0	8964	5.4	9050	6.4	9140	7.5
广西	10.5	2629	7.3	2654	8.4	2679	9.4
海南	16.1	518	7.4	523	8.5	528	9.5
贵州	2.2	1854	4.0	1872	5.0	1890	6.0
云南	5.2	2661	5.9	2686	6.9	2713	7.9

1.3.3　2024 年最大负荷

利用时间序列、最大负荷利用小时等方法预测[3]，2024 年全国调度最大负荷为 14.40 亿~14.80 亿 kW，比上年增长 7.0%~10.0%。最大负荷预测三个方案如下。

高方案：预计 2024 年全国调度最大负荷将达到 14.80 亿 kW 左右，比上年增长 10.0%，出现在夏季。分地区看，华北、华东、华中、西南、南方电网区域最大负荷均出现在夏季，依次为 3.40 亿、4.15 亿、2.15 亿、0.98 亿、2.53 亿 kW 左右，比上年分别增长 7.0%、10.8%、10.0%、14.4% 和 12.3%；东北、西北电网区域最大负荷出现在冬季，分别达到 0.87 亿、1.47 亿 kW 左右，比上年分别增长 6.0%、8.3%。

中方案： 预计 2024 年全国调度最大负荷将达到 14.60 亿 kW 左右，比上年增长 8.5%，出现在夏季。分地区看，华北、华东、华中、西南、南方电网区域最大负荷均出现在夏季，依次为 3.35 亿、4.09 亿、2.12 亿、0.97 亿、2.50 亿 kW 左右，比上年分别增长 5.5%、9.3%、8.5%、12.9% 和 10.8%；东北、西北电网区域最大负荷出现在冬季，分别达到 0.86 亿、1.45 亿 kW 左右，比上年分别增长 4.5%、6.8%。

低方案： 预计 2024 年全国调度最大负荷将达到 14.40 亿 kW 左右，比上年增长 7.0%，出现在夏季。分地区看，华北、华东、华中、西南、南方电网区域最大负荷均出现在夏季，依次为 3.30 亿、4.03 亿、2.09 亿、0.96 亿、2.47 亿 kW 左右，比上年分别增长 4.0%、7.8%、7.0%、11.4% 和 9.3%；东北、西北电网区域最大负荷出现在冬季，分别达到 0.85 亿、1.43 亿 kW 左右，比上年分别增长 3.0%、5.3%。

推荐方案为中方案。各方案具体预测结果如表 1 - 6 所示。

表 1 - 6　　　　　　　　2024 年调度最大负荷预测结果

地区	2023 年增速（%）	2024 年全年预测					
		低方案		中方案		高方案	
		负荷（万 kW）	增速（%）	负荷（万 kW）	增速（%）	负荷（万 kW）	增速（%）
全国合计	4.3	143 982	7.0	146 000	8.5	148 018	10.0
国家电网调度负荷①	2.3	120 305	6.4	122 000	7.9	123 695	9.4
国家电网经营区调度负荷	1.5	116 371	7.2	118 000	8.7	119 629	10.2
华北区域（含蒙西）	7.0	33 024	4.0	33 500	5.5	33 976	7.0
华北区域（不含蒙西）	4.4	28 591	4.9	29 000	6.4	29 409	7.9
华东区域	2.5	40 339	7.8	40 900	9.3	41 461	10.8
华中区域	0.6	20 907	7.0	21 200	8.5	21 493	10.0
东北区域	10.3	8477	3.0	8600	4.5	8723	6.0
西北区域	12.6	14 296	5.3	14 500	6.8	14 704	8.3

地区	2023 年增速（%）	2024 年全年预测					
		低方案		中方案		高方案	
		负荷（万 kW）	增速（%）	负荷（万 kW）	增速（%）	负荷（万 kW）	增速（%）
西南区域	0.1	9571	11.4	9700	12.9	9829	14.4
南方区域	1.3	24 661	9.3	25 000	10.8	25 339	12.3

① 国家电网公司经营区域以及蒙西电网。

负荷特性方面，一方面，受第三产业和居民生活用电占比持续提升、极端天气出现频率增加等因素影响，在不采取需求侧管理等措施的情况下，负荷曲线呈现尖峰负荷持续时间下降、峰谷差增大、日负荷率降低的特点；另一方面，各地结合本地区负荷特性相继出台分时电价政策，通过电价信号引导用户改变用电行为，对削减尖峰负荷、降低峰谷差起到了有效作用。

（本节撰写人：汲国强、姚力　审核人：吴姗姗）

1.4　2024 年电力供应预测

1.4.1　2024 年新投产装机

新投产发电装机保持较大规模，以新能源为主。预计 2024 年全国新投产发电装机容量比上年增长 9.4%，规模再创历史新高。其中，水电新投产 1398 万 kW，连续第五年新投产装机规模超过 1000 万 kW，比上年增长 35.3%；火电新投产 6265 万 kW，为 2016 年以来次高，比上年减少 4.6%；核电新投产 390 万 kW，比上年增长 1.8 倍；风电新投产规模达到 0.9 亿 kW，比上年增长 16.5%，太阳能发电新投产规模在 2023 年高基数的基础上进一步增长，达到 2.4 亿 kW，比上年增长 8.8%，连续两年突破 2 亿 kW。新投产新能源装机规模合计达到 3.2 亿 kW，占全部新增装机的 80.1%。2024 年全国新投产发电装机结构如图 1 - 29 所示。2015—2024 年新投产发电装机情况如图 1 - 30 所示。

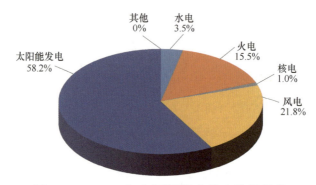

图 1 - 29　2024 年全国新投产发电装机结构

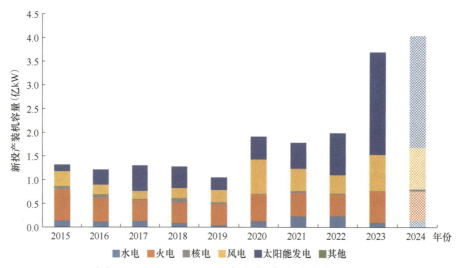

图 1 - 30　2015－2024 年新投产发电装机情况

新投产常规水电装机容量较上年大幅增长。预计 2024 年全国常规水电新投产发电装机容量 643 万 kW，比上年增长 31.6%。重大水电工程投产方面，预计青海省羊曲水电站、玛尔挡水电站有望建成投产，规模分别达到 120 万、232 万 kW；四川省巴拉、硬梁包水电站投运规模分别为 75 万、112 万 kW。2010－2024 年常规水电新投产发电装机情况如图 1 - 31 所示。

新投产抽水蓄能电站规模创历史次高。预计 2024 年 8 省有抽水蓄能电站投运，新投产装机容量达 755 万 kW，比上年增长 38.5%，新投产装机规模仅次于2022 年（880 万 kW）。其中，河北丰宁抽水蓄能电站预计 2024 年将投产 60 万 kW，

2021－2024 年合计投产达到 360 万 kW，成为全球规模最大的抽水蓄能电站；浙江宁海抽水蓄能电站将投运 3 台可逆式水轮发电机组，成为宁波市首座大型抽水蓄能电站；福建厦门抽水蓄能电站已于 1 月、3 月各有一台机组投运，预计上半年全部建成投产；此外，预计江苏句容抽水蓄能电站、辽宁清原抽水蓄能电站、陕西镇安抽水蓄能电站、新疆阜康抽水蓄能电站、重庆蟠龙抽水蓄能电站也均有机组投产。2024 年抽水蓄能电站新投产发电装机情况如图 1 - 32 所示。

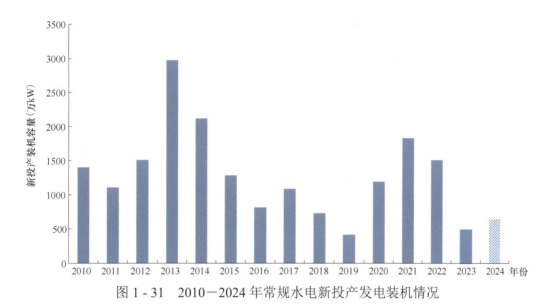

图 1 - 31　2010－2024 年常规水电新投产发电装机情况

图 1 - 32　2024 年抽水蓄能电站新投产发电装机情况

　　燃煤发电新投产装机较上年大幅下降，燃气新投产发电装机容量创历史新高。预计 2024 年燃煤发电新投产发电装机容量 3775 万 kW，比上年减少 21.3%。其中，江苏国信滨海港清洁高效燃煤发电项目、安徽板集电厂二期及宿州钱营孜电厂二期扩建项目、福建可门电厂三期、江西新余电厂扩建工程、陕西清水川二期电厂等电厂新投产规模均超过 100 万 kW；燃气发电新投产发电装机容量 2078 万 kW，比上年增长 1.1 倍，创历史新高，连续第二年突破千万千瓦。其中，山东华电章丘燃机及青岛天然气热电联产项目等电厂新投产装机规模超过 50 万 kW。2010－2024 年燃煤、燃气新投产发电装机情况如图 1 - 33 所示。

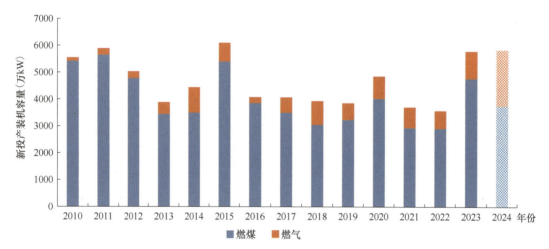

图 1 - 33　2010－2024 年燃煤、燃气新投产发电装机情况

　　核电新投产装机容量大幅增长。预计 2024 年核电新投产发电装机容量 390 万 kW，比上年增长 1.8 倍，为 2020 年以来最高。其中，广西防城港红沙核电站 4 号机组预计 2024 年投运，规模为 118 万 kW；山东荣成核电站预计投产规模 150 万 kW；福建漳州核电 1 号机组预计投产 121 万 kW。

　　风电新投产装机规模创历史新高，太阳能发电新投产装机容量连续两年超过 2 亿 kW。预计 2024 年新能源新投产装机大幅增加，比上年增长 10.8%。其中，风电新投产 0.9 亿 kW，比上年增长 16.5%，创历史新高；太阳能发电新投产 2.4 亿 kW，比上年增长 8.8%。2010—2024 年新能源新投产装机情况如图 1 - 34 所示。

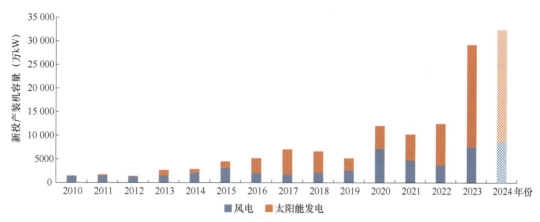

图 1 - 34　2010—2024 年新能源新投产装机情况

（一）分品种新投产装机分布

预计新投产火电主要分布于南方、西北电网区域。 预计 2024 年南方、西北电网区域新投产火电装机容量分别达到 1770 万、1389 万 kW，占全部新投产火电装机容量的 28.3%、22.2%；华东、华北❶电网区域新投产火电装机容量较多，分别为 1070 万、918 万 kW，占全部新投产火电装机容量的 17.1%、14.6%；华中、西南、东北电网区域新投产火电容量较少，分别为 491 万、325 万、302 万 kW，仅占 7.8%、5.2%、4.8%。

预计新投产水电主要分布于西北、西南电网区域。 预计西北、西南电网区域新投产水电装机容量分别为 618 万、307 万 kW，占全部新投产水电装机容量的 44.2%、22.0%；华东、东北电网区域新投产水电装机容量较多，分别为 262 万、126 万 kW，占全部新投产水电装机容量的 18.7%、9.0%；华北、华中电网区域新投产水电容量较少，分别为 60 万、25 万 kW，仅占 4.3%、1.8%。

预计新投产核电分布于广西、福建、山东三省份。 上述三省份新投产核电

---

❶　本节中，华北包括北京、天津、河北、山西、山东、蒙西等地区，东北包括黑龙江、吉林、辽宁、蒙东等地区。

装机容量分别为 119 万、121 万、150 万 kW，分别占全部新投产核电装机容量的 30.5%、31.1%、38.5%。

预计新投产风电主要分布于"三北"及南方电网区域。预计东北、西北、华北、南方电网区域新投产风电装机容量分别为 2410 万、1956 万、1857 万、1250 万 kW，占全部新投产风电装机容量的 27.4%、22.2%、21.1%、14.2%；华中、华东、西南电网区域新投产风电装机容量较少，分别为 794 万、337 万、208 万 kW，占全部新投产风电装机容量的 9.0%、3.8%、2.4%。

预计新投产太阳能发电主要分布于西北、华北、华东电网区域。新投产装机容量均超过 5000 万 kW，分别为 5828 万、5437 万、5006 万 kW，占全部新投产太阳能发电装机容量的 24.8%、23.1%、21.3%；南方、华中电网区域新投产太阳能发电装机容量超过 2000 万 kW，分别为 3200 万、2621 万 kW，占全部新投产太阳能发电装机容量的 13.6%、11.1%；东北、西南电网区域新投产太阳能发电装机容量最少，分别为 558 万、860 万 kW，仅占 2.4%、3.7%。

（二）分区域新投产装机分布

新投产装机主要分布于华北、西北电网区域。占比分别达到 20.9%、24.3%，合计比重超过 45%；华东、南方、华中、东北电网区域次之，占比分别为 16.8%、15.7%、9.7%、8.4%，西南电网区域投产装机较少，仅占 4.2%。2024 年新投产发电装机布局如图 1 - 35 所示。

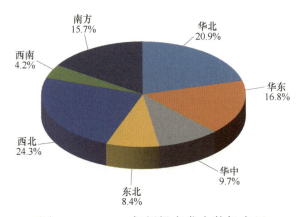

图 1 - 35　2024 年新投产发电装机布局

（三）分省份新投产装机分布

预计 19 个省份新投产装机容量超过 1000 万 kW。其中，新疆新投产装机容量居首，超过 3000 万 kW；江苏、广东、内蒙古、河北、陕西、山东 6 省份次之，新投产装机容量在 2000 万～3000 万 kW 之间；青海、山西、甘肃、广西等 12 个省份新投产装机容量介于 1000 万～2000 万 kW 之间，福建、湖南、黑龙江等 12 个省份新投产装机容量低于 1000 万 kW。2024 年各省份新投产发电装机情况如图 1 - 36 所示。

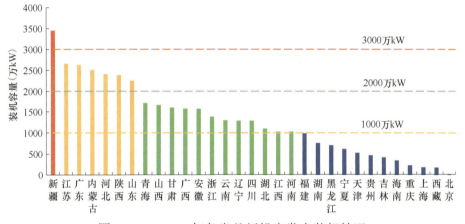

图 1 - 36　2024 年各省份新投产发电装机情况

预计 7 个省份新投产水电装机容量超过 100 万 kW。其中，青海、四川新投产水电装机容量超过 200 万 kW；陕西、辽宁、新疆、浙江、福建新投产水电装机容量在 100 万～200 万 kW 之间；其他 24 个省份新投产水电装机容量均低于 100 万 kW。2024 年各省份新投产水电装机情况如图 1 - 37 所示。

预计 18 个省份新投产火电装机容量超过 100 万 kW。其中，新投产火电装机超过 500 万 kW 的省份有 3 个，依次为广东、陕西、新疆；预计新投产火电装机在 300 万～500 万 kW 的省份有 4 个，依次为山东、广西、安徽、四川；新投产火电装机在 100 万～300 万 kW 的省份有 11 个，依次为内蒙古、江苏、山西、福建、江西、甘肃、河北、辽宁、浙江、河南、湖南；13 个省份新投产火电装机低于 100 万 kW。2024 年各省份新投产火电装机情况如图 1 - 38 所示。

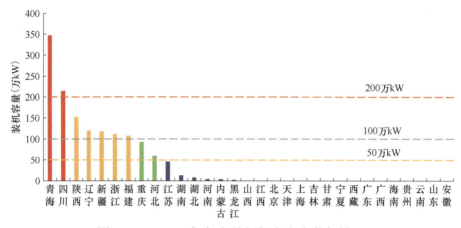

图 1-37　2024 年各省份新投产水电装机情况

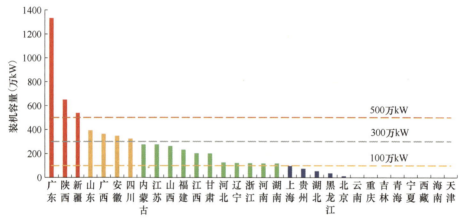

图 1-38　2024 年各省份新投产火电装机情况

预计 20 个省份新投产风电装机容量超过 100 万 kW。其中，内蒙古新投产风电装机容量居首，超过千万千瓦；新投产风电装机在 500 万~1000 万 kW 的省份有 6 个，依次为新疆、辽宁、甘肃、河北、黑龙江、云南；陕西、吉林、广东等 13 个省份新投产风电装机在 100 万~500 万 kW 之间；其他 11 个省份新投产风电装机容量低于 100 万 kW。2024 年各省份新投产风电装机情况如图 1-39 所示。

预计 10 个省份新投产太阳能发电装机容量超过 1000 万 kW。其中，江苏新投产太阳能发电装机超过 2000 万 kW，新疆、河北、山东、青海、山西、陕西、浙江、安徽、广东等 9 个省份新投产太阳能发电装机规模在 1000 万～2000 万 kW 之间；其他 21 个省份新投产太阳能发电装机低于 1000 万 kW。2024 年各省份新投产太阳能发电装机情况如图 1 - 40 所示。

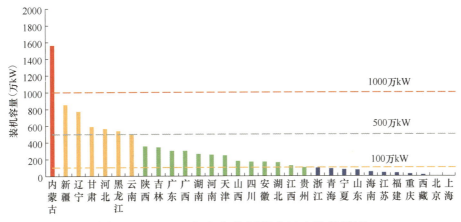

图 1 - 39　2024 年各省份新投产风电装机情况

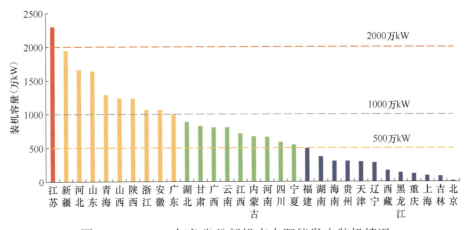

图 1 - 40　2024 年各省份新投产太阳能发电装机情况

1.4.2　2024 年总装机规模

电源装机保持快速增长，新能源装机占比超过 40%，太阳能发电装机占比超过 1/4。考虑退役装机，预计到 2024 年底，全国发电装机容量将达到 33.2 亿 kW，比上年增长 13.7%，增速与上年基本持平（13.9%）。其中，水电装机容量 4.4 亿 kW，比上年增长 3.3%，占总装机容量的 13.1%；火电装机容量 14.5 亿 kW，比上年增长 4.3%，占总装机容量的 43.7%；核电装机容量 6081 万 kW，比上年增长 6.8%，占总装机容量的 1.8%；风电装机容量 5.3 亿 kW，比上年增长 20.0%，占总装机容量的 16.0%；太阳能发电装机容量达到 8.4 亿 kW，比上年增长 38.6%，占总装机容量的 25.4%。2024 年底全国发电装机结构如图 1 - 41 所示。

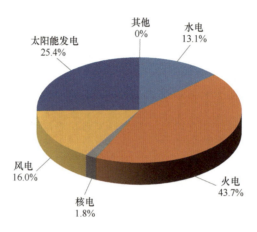

图 1 - 41　2024 年底全国发电装机结构

（一）分品种装机分布

预计火电主要分布于华北及华东电网区域。预计华北电网区域火电装机容量最多，为 3.9 亿 kW，占全部火电装机容量的 26.6%；华东电网区域火电装机容量较多，为 3.1 亿 kW，占全部火电装机容量的 21.3%；南方、西北、华中电网区域火电装机容量分别为 2.2 亿、2.0 亿、1.8 亿 kW，占全部火电装机容量的 15.4%、14.1%、12.3%；东北、西南电网区域火电容量较少，分别为 1.1 亿、0.4 亿 kW，仅占 7.6%、2.7%。

预计水电主要分布于南方、西南电网区域。预计南方电网区域水电装机容量最多，为 1.4 亿 kW，占全部水电装机容量的 33.0%；西南、华中电网区域水电装机容量较多，为 1.1 亿、0.7 亿 kW，占全部水电装机容量的 25.7%、15.3%；华东、西北电网区域水电装机容量分别为 0.41 亿、0.43 亿 kW，占全部水电装机容量的 9.5%、9.9%；预计东北、华北电网区域水电容量较少，为 1376 万、1487 万 kW，仅占 3.2%、3.4%。

预计核电主要分布于华东、南方电网区域。上述地区核电装机容量分别为 2800 万、2198 万 kW，分别占全部核电装机容量的 46.0%、36.2%；东北、华北电网区域核电装机容量较少，分别为 668 万、415 万 kW，仅占 11.0%、6.8%。

预计风电主要分布于华北及西北电网区域。预计华北电网区域风电装机容量最多，为 1.5 亿 kW，占全部风电装机容量的 28.8%；西北电网区域风电装机容量较多，为 1.2 亿 kW，占全部风电装机容量的 22.7%；预计东北、南方、华中、华东电网区域风电装机容量分别为 0.82 亿、0.64 亿、0.54 亿、0.48 亿 kW，占全部风电装机容量的 15.6%、12.0%、10.1%、9.1%；预计西南电网区域风电装机容量最少，为 0.12 亿 kW，仅占 2.3%。

预计太阳能发电主要分布于华北、西北及华东电网区域。预计华北电网区域太阳能发电装机容量最多，为 2.1 亿 kW，占全部太阳能发电装机容量的 25.4%；西北及华东电网区域太阳能发电装机容量较多，为 1.8 亿、1.7 亿 kW，占全部太阳能发电装机容量的 21.7%、19.7%；预计华中、南方电网区域太阳能发电装机容量分别为 1.2 亿、1.1 亿 kW，占全部太阳能发电装机容量的 14.3%、13.0%；预计东北、西南电网区域太阳能发电装机容量较少，分别为 0.3 亿、0.2 亿 kW，仅占 3.6%、2.2%。

（二）分区域装机分布

电源装机主要分布于"三华"、南方及西北电网区域，东北、西南电网区域装机容量较少。分区域看，预计华北电网区域电源装机容量最多，为 7.7 亿 kW，占全部装机容量的 23.2%；预计华东、南方、西北、华中电网区域装机容量较多，分别为 5.9 亿、5.6 亿、5.5 亿、4.2 亿 kW，占全部装机容量的 17.9%、16.9%、16.6%、12.6%；预计东北、西南电网区域装机容量分别为 2.4 亿、1.8 亿 kW，仅占 7.3%、5.5%。2024 年底全国发电装机布局如图 1-42 所示。

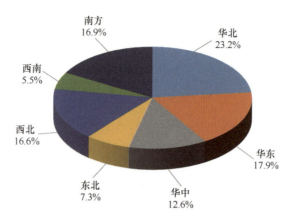

图 1 - 42　2024 年底全国发电装机布局

（三）分省份装机分布

预计我国近半省份（15 个）电源装机容量超过 1 亿 kW。其中，内蒙古、山东、广东、江苏 4 省份电源装机容量超过 2 亿 kW；预计装机容量在 1 亿～2 亿 kW 的省份有 11 个，依次为新疆、河北、河南、山西、云南、浙江、四川、湖北、安徽、陕西、甘肃，福建、广西、贵州等 16 个省份电源装机容量低于 1 亿 kW。2024 年各省份发电装机情况如图 1 - 43 所示。

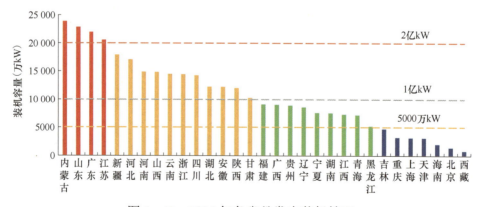

图 1 - 43　2024 年各省份发电装机情况

预计 11 个省份水电装机容量超过 1000 万 kW。我国水电分布较为集中，其中，四川、云南和湖北水电装机规模分居前三，合计占我国水电装机总量的

50.3%；贵州、广东、广西、福建、青海、湖南、浙江、新疆 8 省份装机规模在 1000 万～3000 万 kW 之间；其他 20 个省份水电装机低于 1000 万 kW。2024 年各省份水电装机情况如图 1 - 44 所示。

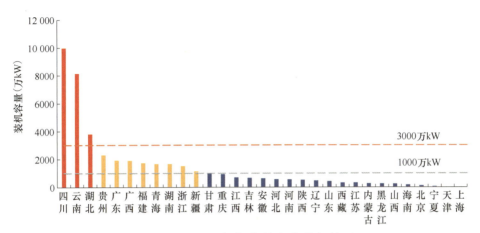

图 1 - 44 2024 年各省份水电装机情况

预计 11 个省份火电装机容量超过 5000 万 kW。其中，火电装机超过 1 亿 kW 的省份有 4 个，依次为广东、内蒙古、山东、江苏；火电装机在 5000 万～10 000 万 kW 的省份有 7 个，依次为山西、新疆、河南、浙江、安徽、陕西、河北；其他 20 个省份火电装机低于 5000 万 kW。2024 年各省份火电装机情况如图 1 - 45 所示。

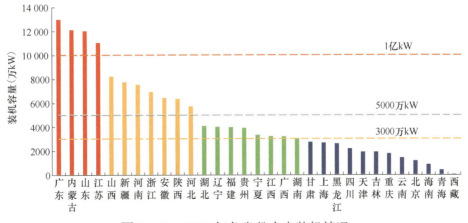

图 1 - 45 2024 年各省份火电装机情况

　　预计 2 个省份核电装机容量超过 1000 万 kW。依次为广东、福建；核电装机在 500 万～1000 万 kW 的省份有 3 个，依次为浙江、辽宁、江苏；预计核电装机在 0～500 万 kW 的省份有 3 个，依次为广西、山东、海南；23 个省份无核电装机。2024 年各省份核电装机情况如图 1 - 46 所示。

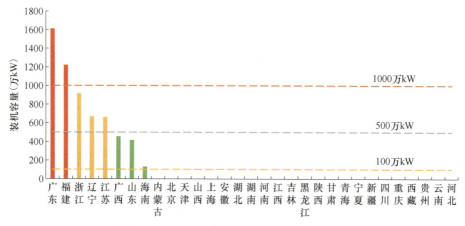

图 1 - 46　2024 年各省份核电装机情况

　　预计过半省份（18 个）风电装机容量超过 1000 万 kW。其中，风电装机超过 3000 万 kW 的省份有 4 个，依次为内蒙古、新疆、河北、甘肃；风电装机在 2000 万～3000 万 kW 的省份有 6 个，依次为山西、山东、河南、江苏、辽宁、云南；其他 21 个省份风电装机低于 2000 万 kW。2024 年各省份风电装机情况如图 1 - 47 所示。

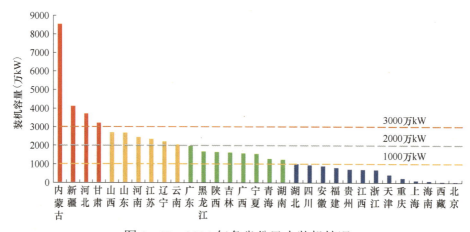

图 1 - 47　2024 年各省份风电装机情况

预计 23 个省份太阳能发电装机容量超过 1000 万 kW。其中，太阳能发电装机超过 5000 万 kW 的省份有 3 个，依次为山东、河北、江苏；太阳能发电装机在 3000 万～5000 万 kW 的省份有 10 个，依次为新疆、浙江、河南、安徽、青海、山西、陕西、广东、湖北、甘肃。其他 18 个省份太阳能发电装机低于 3000 万 kW。2024 年各省份太阳能发电装机情况如图 1 - 48 所示。

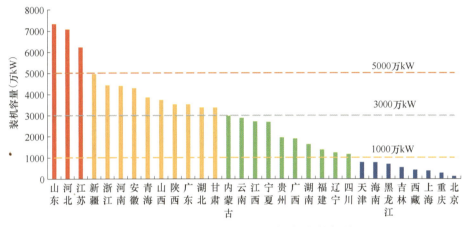

图 1 - 48　2024 年各省份太阳能发电装机情况

1.4.3　2024 年发电量

预计 2024 年全国发电设备平均利用小时为 3498h，较上年减少 94h。其中，考虑上年来水偏少导致水电利用小时大幅减少，预计 2024 年水电利用小时为 3500h 左右，较上年增加 367h；预计火电利用小时为 4340h，较上年减少 126h；核电利用小时 7600h，较上年减少 70h，利用小时由升转降；考虑新能源装机大幅增长影响，预计风电、太阳能发电设备利用小时均有所下降，分别为 2180、1280h，较上年分别减少 45、6h。

全国发电量较快增长，火电仍然是主力电源，但新增电量主要来自非化石能源发电。预计 2024 年，我国发电量将达到 9.9 万亿 kW·h，其中，水电、火电、核电、风电、太阳能发电量分别约为 1.5 万亿、6.2 万亿、0.4 万亿、1.0 万亿、

0.8 万亿 kW·h，比上年分别增长 14.0%、1.5%、2.0%、14.7%、33.4%，占全国发电量的比重分别为 14.8%、62.6%、4.5%、10.3%、7.9%，非化石能源、新能源发电量对全国发电增长的贡献率分别达到 85.2%、53.7%。

（本节撰写人：冀星沛　审核人：吴姗姗）

1.5　2024 年电力供需形势预测

按照如下边界条件对 2024 年全国及各区域电力电量平衡情况进行分析：

（1）2024 年，我国经济保持平稳向好态势，全年 GDP 增长 5.2%左右。

（2）2024 年底，全国发电装机容量达到 33.2 亿 kW，比上年增长 13.7%。

（3）全国全社会用电量比上年增长 5.5%～7.5%，最大负荷增长 7.0%～10.0%。

（4）各地区检修容量、受阻容量根据近年来的检修计划和来水、电煤供需情况考虑。

（5）各区域间、各省间输入输出电力和电量按照往年交易执行情况和预计增长情况考虑。

（6）大电网（调度装机容量大于 3000 万 kW 的省级电网）负荷备用容量和事故备用容量合计按 3%考虑，小电网（调度装机容量小于 3000 万 kW 的省级电网）按照 5%考虑，风电考虑保证率 5%～10%。

（7）水电按照来水正常考虑；核电、风电、太阳能发电设备利用小时分别按 7600、2180、1280h 考虑，较上年基本持平。

根据电力需求预测，基于对气温、来水、电煤供需等关键要素的分析，综合考虑新投产装机、跨区跨省电力电量交易、设备检修计划、发电出力受阻及合理备用等，通过电力电量平衡分析，**预计 2024 年迎峰度夏、度冬期间，全国电力供需平衡偏紧，局地高峰时段电力供需紧张**，电力缺口主要分布于华东、西南等电网区域，考虑充分发挥跨省跨区互济支援能力后，电力缺口将得到一定缓解。分区域看，华北电网区域电力供需平衡偏紧；华东电网区域电力供需紧张；华中电网区域迎峰度夏电力供需平衡偏紧，迎峰度冬基本平衡；东北电网区域电力供需基本平衡；西北电网区域迎峰度夏电力供需平衡有余，迎峰度冬平衡偏紧；西南电网区域迎峰度夏电力供需紧张，迎峰度冬平衡偏紧；南方电网区域迎峰度夏电力供需紧张，迎峰度冬平衡偏紧。若出现燃料供应不足或大范围极端天气，用电高峰时段电力缺口将进一步扩大。

（本节撰写人：汲国强　审核人：吴姗姗）

2

行业篇

2.1 黑色金属行业

2.1.1 2023 年运行情况[1]

（一）行业发展环境

2023 年，钢铁行业积极适应市场、主动对接需求、调整品种结构，生产经营整体保持平稳态势，有力支撑了国民经济回升向好和高质量发展。

钢铁行业运行上半年低迷，下半年显著改善。2023 年上半年，受房地产、基建投资需求疲弱等因素影响，市场需求下滑，钢铁行业陷入低迷，呈现出供大于求、价格下降、利润滑坡以及企业亏损面不断扩大的趋势。特别是二季度，市场供需矛盾导致钢材价格低位波动，进一步加剧了钢铁企业生产经营的压力。下半年以来，受宏观政策强预期带动、钢厂减产效果渐显、赶工需求集中释放、原料成本韧性支撑等多重因素的共同影响，国内钢材市场开始呈现震荡上涨的行情。

钢材市场消费结构发生明显变化。2023 年，建筑钢供需均出现明显下滑，但中厚板、汽车板等板块需求有所上升。其中，最大需求减量在建筑钢材领域，受房地产开发投资下降影响，建筑钢材需求持续萎缩，钢材消费去地产化趋势显现。最大需求增量在中厚板市场，绿色低碳驱动下，新能源产业及装备制造业快速发展，造船、机械制造、汽车制造、电力设备等行业用钢需求稳步增长。整体来看，钢材市场消费结构显现出制造业需求强于基建、基建强于地产的特点。

钢材出口量明显增长。2023 年，我国钢材累计出口量为 9026 万 t，比上年增长 36.2%，创 2017 年以来新高。其中，出口到亚洲 6139 万 t，比上年增长 43.4%，占钢材总出口量的 68.0%；出口到拉丁美洲和非洲分别为 1145 万、993 万 t，比上年分别增长 44.0% 和 24.0%。受地缘政治冲突影响，海外钢铁供应恢复较为有

---

[1] 本节数据除特殊说明外，均来源于中国钢铁工业协会。

限，我国钢材出口价格优势凸显，两方面因素共同作用，带动我国钢材出口呈现大幅增长态势。

钢铁行业高端化、智能化、绿色化转型取得新成效。 在高端化转型方面，新产品新材料研发加速，鞍钢先进高强汽车用钢低密度钢系列产品、首钢取向电工钢产品等全球首发，新兴铸管自主研发的铸管生产装备打破国际垄断；在智能化转型方面，钢铁行业机器人应用密度达到 54 台（套）/万人，90%的钢铁企业建立生产制造执行及能源管控系统；在绿色化转型方面，低碳冶金技术路径探索取得新突破，全球首个工业级别 2500m³ 富氢碳循环氧气高炉在八钢投运，河钢全球首例 120 万 t 氢冶金示范工程一期取得成功，国内首套百万吨级氢基竖炉在湛江钢铁点火投产。行业高端化、智能化、绿色化转型将推动钢铁行业电气化水平加快提升。

（二）产品及价格

我国粗钢产量 10.2 亿 t，与上年持平。 逐月看，2023 年 1—2 月、3 月，粗钢产量分别增长 5.6%、6.9%，此后连续 2 个月增速下滑，5 月增速回落至−7.3%，此后连续 2 个月增速反弹，7 月增速反弹至 11.5%，之后受限产政策影响，粗钢产量增速一路波动回落，12 月回落至全年最低水平−14.9%。2022 年以来我国粗钢产量及增速如图 2 - 1 所示。

图 2 - 1　2022 年以来我国粗钢产量及增速

我国钢材综合价格指数整体较为平稳。2023 年 1—3 月，我国钢材综合价格指数逐月上升，3 月达到全年最高点 118.5 点，此后在 110 点附近波动，12 月价格指数为 112.9 点，同比下降 0.3 点。2022 年以来我国钢材综合价格指数如图 2-2 所示。

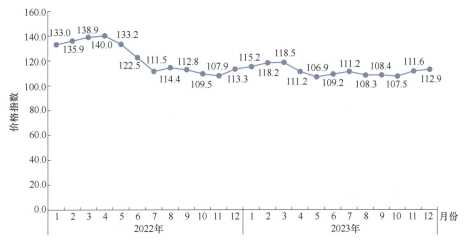

图 2-2　2022 年以来我国钢材综合价格指数

（三）行业用电情况

黑色金属行业用电量增速前低后高，下半年走势与产品产量出现背离。2023 年，黑色金属行业用电量 6372 亿 kW·h，比上年增长 5.0%。其中，钢铁行业用电量 4476 亿 kW·h，比上年增长 5.3%。逐月看，1—7 月，钢铁行业用电量增速与粗钢产量增速高度契合，但 8 月起两者走势出现了较大分化，8—12 月，粗钢产量月均增速–3.7%，但钢铁行业用电量月均增速达到 10.2%，数智化、智能制造、电炉钢、氢冶金、工艺技术改造、环保治理超低排放改造等因素带动电气化水平提升是主要原因。2022 年以来黑色金属行业用电量增速如图 2-3 所示。

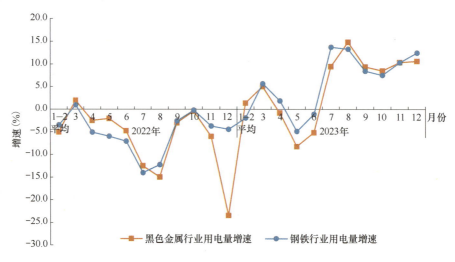

图 2-3 2022 年以来黑色金属行业用电量增速

2.1.2 2024 年发展环境

（一）政策环境分析

2023 年，国务院、国家发展改革委、工业和信息化部等各部门围绕能效提升、结构优化、智能制造、减污降碳、数字化转型等方面，对钢铁行业提出了一系列目标要求和举措建议。整体要求相较之前保持了较强的持续性，2024 年适逢"十四五"规划攻坚阶段，同时也是 2035 远景目标积淀蓄势的关键时期，一系列政策的出台将有效保障钢铁行业平稳发展，对工业稳定增长、经济平稳运行具有重要意义。除相关政策发文外，2024 年 4 月，国家发展改革委、工业和信息化部等部门就 2024 年粗钢产量调控工作进行研究部署，继续开展全国粗钢产量调控工作，坚持以节能降碳为重点，区分情况、有保有压、分类指导、扶优汰劣，推动钢铁产业结构调整优化，促进钢铁行业高质量发展。2023 年以来黑色金属行业相关政策如表 2-1 所示。

表 2 - 1　　　　　　　　**2023 年以来黑色金属行业相关政策**

序号	政策名称	发布部门	发布时间	相关内容
1	工业重点领域能效标杆水平和基准水平（2023 年版）	国家发展改革委等五部门	2023 年6 月 6 日	对标国内外生产企业先进能效水平，确定工业重点领域能效标杆水平。依据能效标杆水平和基准水平，分类实施改造升级。炼铁、炼钢、铁合金冶炼等 25 个领域，原则上应在 2025 年底前完成技术改造或淘汰退出
2	钢铁行业稳增长工作方案	工业和信息化部等七部门	2023 年8 月 21 日	2024 年，行业发展环境、产业结构进一步优化，高端化、智能化、绿色化水平不断提升，工业增加值增长 4%以上
3	钢铁行业智能制造标准体系建设指南（2023 版）	工业和信息化部	2023 年9 月 27 日	到 2025 年，建立较为完善的钢铁行业智能制造标准体系，累计研制 45 项以上钢铁行业智能制造领域标准，优先制定基础共性标准以及绿色低碳、产品质量、生产安全等关键应用场景标准，突出标准在先进制造技术与新一代信息技术相互融合和迭代提升过程中的引导作用，积极参与国际标准研制
4	空气质量持续改善行动计划	国务院	2023 年11 月 30 日	严禁新增钢铁产能。推行钢铁、焦化、烧结一体化布局，大幅减少独立焦化、烧结、球团和热轧企业及工序；有序引导高炉－转炉长流程炼钢转型为电炉短流程炼钢。到 2025 年，短流程炼钢产量占比达 15%。京津冀及周边地区继续实施"以钢定焦"，炼焦产能与长流程炼钢产能比控制在 0.4 左右
5	关于加快传统制造业转型升级的指导意见	工业和信息化部等八部门	2023 年12 月 28 日	到 2027 年，传统制造业高端化、智能化、绿色化、融合化发展水平明显提升，有效支撑制造业比重保持基本稳定
6	原材料工业数字化转型工作方案（2024－2026 年）附件 2:钢铁行业数字化转型实施指南	工业和信息化部等九部门	2024 年1 月 16 日	到 2026 年，钢铁行业数字化整体水平显著提升，新一代信息技术与钢铁工业深度融合，行业数字生态体系持续完善，基本实现由单点、局部向系统性、全局性的数字化发展转变

（二）行业发展分析

我国钢铁行业已进入深度调整期，调整重点将更多侧重于结构优化和质量提升。2024 年钢铁行业将积极落实"坚持稳中求进、以进促稳、先立后破"总要求。"立"主要体现在两个方面，一是"立"绿色发展能力，加快节能环保和低碳冶金技术研发及推广；二是"立"数智运行能力，推动产业链数智化改造，提升资源配置效率，降低运营成本。"破"主要体现为落实好产能压减和产业结构优化，一方面，要从总量上进行控制，缓解供需矛盾；另一方面，要通过行业整合来调整结构，提高行业集中度，优化区域布局。

2024 年，我国钢铁行业面临的国际国内形势依然复杂严峻，机遇和挑战并存。一方面，钢铁行业发展面临诸多机遇，主要来自我国经济回升向好，超大规模市场优势和内需潜力为钢铁行业发展提供了广阔空间；另一方面，在钢铁消费结构优化调整加快形势下，行业同样面临有效需求不足、产能释放较快、社会预期偏弱、风险隐患犹存等挑战。

2.1.3　2024 年电力需求研判

2024 年，钢铁行业将加快绿色转型，继续向高端化、智能化、绿色化迈进。受智能制造、绿色转型、高端化产品生产需要等因素影响，钢铁行业电气化水平将进一步提升。综合考虑 2024 年影响行业发展的各项因素，设置高方案、中方案、低方案三个方案，对 2024 年黑色金属行业用电量进行预测。高方案下，预计绿色转型加快，环保治理超低排放改造加快进行，电炉钢产量占比较 2022 年提升 3 个百分点；中方案下，预计绿色转型较快，环保治理超低排放改造较快进行，电炉钢产量占比较 2022 年提升 2 个百分点；低方案下，绿色转型平稳推进，环保治理超低排放改造按期进行，电炉钢产量占比较 2022 年提升 1 个百分点。

推荐方案为中方案，预计 2024 年，粗钢产量小幅下降 0.5%，约为 10.1 亿 t。吨钢电耗水平比上年增长 3.5%，黑色金属行业用电量比上年增长 3.4%，约为 6588 亿 kW·h。2024 年黑色金属行业用电量预测如表 2-2 所示。

表 2-2　　　　　　　　2024 年黑色金属行业用电量预测

年份		产量/用电量（亿 t/亿 kW·h）			增速（%）			电耗水平	
		粗钢产量	钢铁用电量	黑色金属用电量	粗钢产量	钢铁用电量	黑色金属用电量	吨钢电耗（kW·h）	增速（%）
2020		10.6	4207	5950	7.0	5.4	3.8	395	0.0
2021		10.4	4480	6490	−2.8	6.2	6.1	434	9.8
2022		10.2	4250	6090	−1.7	−5.0	−4.8	420	−3.3
2023		10.2	4478	6372	0.0	5.3	5.0	439	4.7
2024	高方案	10.1	4701	6716	−0.5	5.0	5.4	464	5.5
	中方案	10.1	4612	6588	−0.5	3.0	3.4	455	3.5
	低方案	10.1	4522	6460	−0.5	1.0	1.4	446	1.5

（本节撰写人：段金辉　审核人：吴姗姗）

2.2 有色金属行业

2.2.1 2023 年运行情况●

（一）行业发展环境

2023 年，有色金属行业坚持稳中求进工作总基调，积极应对来自国内外的挑战，克服出口下降、传统消费放缓、成本上升、价格下降等不利因素，全年实现平稳发展，稳中向好的态势日趋明显。

外部约束因素改善，行业呈现恢复性向好态势。2022 年以来，受国际局势不确定性增加、欧美滞胀预期增强、海外流动性宽松不及预期等宏观因素影响，行业呈现供需双弱局面。2023 年，有色金属全球供给总量有所恢复，美联储持续大幅加息与国内经济走弱两大抑制因素有所改善，同时国家出台的扩大内需、稳定房地产等一系列稳增长政策有利于传统需求企稳，新能源等新兴需求快速增长，供需双弱局面有所改善。

行业投资和增加值增速均超过工业平均水平，利润由降转增。2023 年，有色金属工业固定资产投资比上年增长 17.3%，增速创近十年来新高，较上年上升 2.8 个百分点，高于全国工业固定资产投资增速 8.3 个百分点，其中风电、动力及储能电池、新能源汽车等所需有色金属材料投资及有色金属矿山投资增速较高，是拉动有色金属工业固定资产投资增长的重要因素；规模以上有色金属企业工业增加值比上年增长 7.4%，增速较上年提高 2.2 个百分点，高于全国规模以上企业工业增加值增速 2.8 个百分点。规模以上有色金属工业企业实现利润总额 3716.1 亿元，比上年增长 23.2%，增速较上年提高 31.2 个百分点。

● 本节数据除特殊说明外，均来源于有色金属行业协会。

　　光伏和新能源汽车产业成为有色金属消费增长的主要领域。2023 年，我国光伏、风电、新能源汽车、动力及储能电池等产量和产品出口量均大幅增长。据测算，2023 年光伏、风电、新能源汽车、动力及储能电池等领域消费铜、铝分别约 300 万、900 万 t，分别比上年增长 52%、50%，占全国铜、铝消费量的比重约 19%、20%；风电塔筒、螺栓等钢结构设备和光伏钢支架的镀锌消费约 70 万 t，比上年增长 51%，占全国锌消费量的比重约 9%。

（二）产品及价格

　　行业生产保持平稳，十种常用有色金属产量首次突破 7000 万 t。2023 年，有色金属行业十种常用有色金属产量为 7470 万 t，比上年增长 7.1%，首次突破 7000 万 t。其中，精炼铜产量 1299 万 t，比上年增长 13.5%；电解铝产量 4159 万 t，比上年增长 3.7%；工业硅产量达 380.08 万 t，比上年增长 8.5%[●]。2022 年以来十种常用有色金属产量及增速如图 2 - 4 所示。

图 2 - 4　2022 年以来十种常用有色金属产量及增速

　　[●]　工业硅产量数据来源于上海有色金属网。

　　主要产品价格出现分化。2023 年，铜、铅现货均价分别为 68 272 元/t、15 709 元/t，比上年分别增长 1.2%、2.9%；铝、锌、工业硅、电池级碳酸锂现货均价分别为 18 717 元/t、21 625 元/t、15 605 元/t、26.2 万元/t，比上年分别下降 6.4%、14.0%、22.5%、47.3%。2022 年以来铜价和铝价如图 2 - 5 所示。

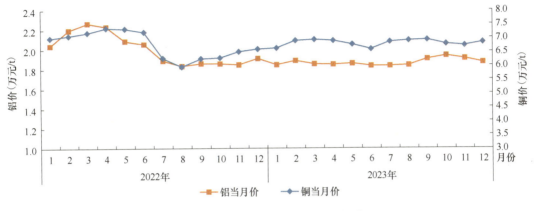

图 2 - 5　2022 年以来铜价和铝价

（三）行业用电情况

　　有色金属行业用电量增速较上年上升，月度增速呈现前低后高特征。2023年，有色金属行业用电量约为 7923 亿 kW·h，比上年增长 5.5%，增速较上年上升 2.2 个百分点。分月看，一季度延续上年末态势，国际环境复杂多变、国内需求不足制约明显，经济回升基础尚不牢固，需求持续走弱，但受同期基数较低影响，用电量同比增长；二季度经济复苏不及预期，建筑型材下游房地产和基建行业的需求持续下降，用电量增速放缓；下半年前期因多种原因压制的产能逐渐得以释放，同时随着国家稳经济一揽子政策落地实施，持续带动有色金属需求回升，用电量快速增长。2022 年以来有色金属行业逐月用电量及同比增速如图 2 - 6 所示。

图 2 - 6　2022 年以来有色金属行业逐月用电量及同比增速

2.2.2　2024 年发展环境

（一）政策环境分析

2023 年以来，有色金属行业相关政策主要围绕着加快推动行业智能化、绿色化转型升级，聚焦节能降碳技术改造、推动冶炼及再生产业有序发展、持续优化产业结构等方面。在多项政策引导下，有色金属行业在实施传统产业改造、赋能产业迭代升级上取得了成效。2024 年，推动行业高质量发展仍将是有色行业的首要任务，预计相关政策将继续围绕提升资源保障能力、优化产业结构、推动科技创新等方面展开，推动行业绿色化、智能化、高端化发展。2023 年以来有色金属行业主要相关政策如表 2 - 3 所示。

表 2 - 3　　　　　　2023 年以来有色金属行业主要相关政策

序号	政策名称	发布部门	发布时间	相关内容
1	有色金属行业智能制造标准体系建设指南（2023 年版）	工业和信息化部	2023 年3 月 1 日	到 2025 年，基本形成有色金属行业智能制造标准体系，累计研制 40 项以上有色金属行业智能制造领域标准，基本覆盖智能工厂全部细分领域，实现智能装备、数字化平台等关键技术标准在行业示范应用，满足有色金属企业数字化生产、数据交互和智能化建设的基本需求，促进有色金属行业数字化转型和智能化升级

序号	政策名称	发布部门	发布时间	相关内容
2	工业重点领域能效标杆水平和基准水平（2023年版）	国家发展改革委等五部门	2023年6月6日	科学划定了有色金属行业重点领域（铜、铝、铅锌、工业硅）能耗基准水平和标杆水平；明确了铜冶炼、铅冶炼、锌冶炼、电解铝等领域原则上应在2025年底前完成技术改造或淘汰退出
3	有色金属行业稳增长工作方案	工业和信息化部等七部门	2023年8月21日	提出了稳增长工作举措，提出2023－2024年期间有色金属行业稳增长的主要目标是：铜、铝等主要产品产量保持平稳增长，十种常用有色金属产量年均增长5%左右，铜、锂等国内资源开发取得积极进展，有色金属深加工产品供给质量进一步提升，供需基本实现动态平衡。力争2024年工业增加值增长5.5%以上
4	关于加快传统制造业转型升级的指导意见	工业和信息化部等八部门	2023年12月28日	到2027年，传统制造业高端化、智能化、绿色化、融合化发展水平明显提升；落实有色行业碳达峰实施方案；积极推广资源循环生产模式；推进石化化工、钢铁、有色、建材、电力等产业耦合发展
5	原材料工业数字化转型工作方案（2024－2026年）附件3：有色金属行业数字化转型实施指南	工业和信息化部等九部门	2024年1月16日	到2026年，有色金属行业数字化基础和网络化支撑明显增强、智能化应用水平显著提高，绿色发展与安全生产水平大幅提升、技术供给与公共服务持续强化，初步建成技术先进、体系完备、安全高效的数字化转型生态

（二）行业发展分析

供应端面临多种扰动因素，产能变动主要受置换和复产进度影响。海外供应端新增产能投产缓慢，2022年初欧洲能源危机期间集中减产的电解铝企业仍未能实现全面复产，但需求有一定程度恢复。国内受电解铝产能天花板限制，产能变动主要受置换和复产进度影响，受制于西南水电的不稳定性，供应扰动较多。2024年，计划减产产能均为产能置换原因，主要集中于山东、内蒙古以及新疆地区；计划复产的产能多集中于西南地区，贵州地区计划复产的产能主要是前期成本高位减产的产能，四川地区技改以及前期限电减产未全部恢复的产能仍在等待复产，云南地区2023年11月减产的产能将在2024年降水好转、电力短缺缓解以后复产。

行业仍处于新旧需求动能交替周期，需求端延续向好态势。2024 年，国内经济将持续修复，经济回暖趋势较为确定，但我国经济同时也面临一定的外部扰动。随着各类政策持续发力，国内房地产对有色金属需求减少的趋势有望得到改善，光伏、风电、动力及储能电池、新能源汽车及交通工具轻量化等仍是有色金属消费的主要增长点。同时，以旧换新政策落地有望带动汽车、家电等需求进一步增长。总体来看，2024 年有色金属行业将延续 2023 年的向好发展势头，常用有色金属运行基本平稳，新能源金属市场行情可能仍有波动。

2.2.3 2024 年电力需求研判

综合考虑 2024 年影响行业发展的各项因素，设置高方案、中方案、低方案三个方案对 2024 年有色金属行业用电量进行预测。

推荐方案为中方案。预计 2024 年，电解铝全年产量约为 4300 万 t，比上年增长 3.4%；全年用电量为 5921 亿 kW·h，比上年增长 3.0%。有色金属行业全年用电量达 8319 亿 kW·h，比上年增长 5.0%。2024 年有色金属行业用电量预测如表 2-4 所示。

表 2-4　　　　　　　　2024 年有色金属行业用电量预测

年份		产量/用电量（万 t/亿 kW·h）			增速（%）		
		电解铝产量	电解铝电量	有色金属用电量	电解铝产量	电解铝电量	有色金属用电量
2020		3708	5066	6472	4.9	7.5	4.3
2021		3850	5478	7002	4.8	4.5	5.3
2022		4021	5458	7452	4.5	4.6	3.3
2023		4159	5749	7923	3.7	3.6	5.5
2024	高方案	4320	5932	8398	3.9	3.2	6.0
	中方案	4300	5921	8319	3.4	3.0	5.0
	低方案	4200	5800	8121	1.0	0.9	2.5

（本节撰写人：刘小聪　审核人：吴姗姗）

2.3 化 工 行 业

2.3.1 2023 年运行情况[❶]

（一）行业发展环境

2023 年，受需求恢复缓慢、上游原料价格波动影响，化工行业面临着产品价格波动、企业效益不佳等问题，但新增产能投产、行业投资持续加大，支撑行业良好增长态势，全年化工行业总体实现稳定增长。

一是行业市场需求趋稳回升。继 2023 年一季度良好开局后，国内经济进入恢复调整期，多项主要经济指标表现不及预期，拖累了化工行业市场需求。自 2023 年 7 月 24 日中央政治局会议召开以来，稳经济一揽子政策多措并举、持续加码发力，支撑国内经济恢复向好的积极因素累积增多。在国内经济呈现企稳回升态势影响下，下游市场需求修复回温，加之行业主动去库存趋近尾声，行业市场需求随之恢复向好。

二是行业生产保持基本稳定。2023 年，一批大型炼化一体化装置和石化基地集中建设、投产，供应端产能持续释放，投资继续大幅增长，带动行业产量和增加值增长。工业和信息化部等 7 部门联合印发《石化化工行业稳增长工作方案》，明确了 2023－2024 年行业稳增长的主要目标，提出了扩大有效投资、丰富优质供给、稳定外资外贸、强化要素供给、激发企业活力等 5 项主要工作举措，并配套保障措施，为行业稳定生产提供了指导和支撑。

三是行业受外部不确定性影响较大。2023 年，随着欧美持续加息、全球需求整体下行，原油价格波动下滑，进一步拖累国内化工产品价格回落。8 月以来，随着沙特阿拉伯和俄罗斯开始自愿性减产，并宣布将减产举措延续至年底，国

[❶] 本节数据除特殊说明外，均来源于 Wind 数据。

际原油价格开始趋于回升。但欧美经济风险堆积下，高利率将持续较长时间，压抑全球需求进而影响国际原油价格，冲击我国化工行业。

（二）产品及价格

主要产品生产保持稳定增长态势。2023 年，化工行业增加值比上年增长9.6%，增速较上年明显回升，主要得益于一批大型炼化一体化装置和石化基地集中建设、投产，以及下半年来稳经济一揽子政策显效发力。从主要产品看，烧碱、化肥生产增速在经历年初走高后，于二季度有所回落，此后再度回升，全年产量分别为 4101 万、5713 万 t，分别比上年增长 3.5%、5.0%，总体保持良好增长态势。2021 年以来化工行业主要产品产量增速如图 2 - 7所示。

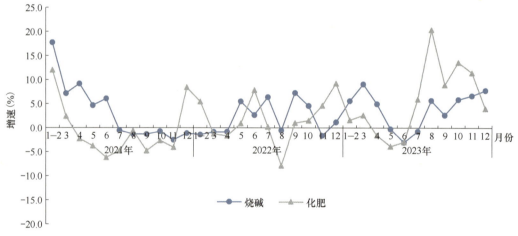

图 2 - 7　2021 年以来化工行业主要产品产量增速

主要产品市场价格有所下滑。2023 年，化工行业工业生产者出厂价格比上年下降 9.0%，重点监测的无机化学品和有机化学品全年价格的同比和环比增速均下降，主要是受到成本端国际原油价格下滑、需求端经济恢复不及预期的双重拖累。从走势看，随着经济形势变化，化工行业工业生产者出厂价格降幅先扩后缩，烧碱、尿素等主要产品价格呈现先降后升的波动态势。2021 年以来化工行业主要产品价格如图 2 - 8 所示。

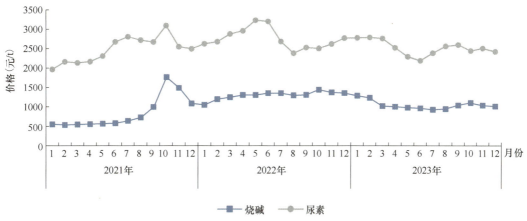

图 2 - 8　2021 年以来化工行业主要产品价格

（三）行业用电情况

化工行业用电量实现稳定增长。2023 年，行业用电量约 5718 亿 kW · h，比上年增长 4.0%，增速较上年下降 2.9 个百分点。分月看，行业月度用电量增速在一季度保持平稳，二季度明显下滑，下半年触底反弹至两位数，用电增速受经济形势变化影响显著。12 月行业用电量负增长，主要是受淡季需求减弱和成本端支撑走弱影响。2022 年以来化工行业用电量及增速如图 2 - 9 所示。

图 2 - 9　2022 年以来化工行业用电量及增速

2.3.2　2024 年发展环境

（一）政策环境分析

2023 年以来，化工行业相关政策密集出台并逐步进入完善落实阶段，多地工业领域碳达峰实施方案对化工行业作了明确要求，推动化工行业持续转型升级；在推进行业数字化转型方面，《石化化工行业数字化转型实施指南》对行业生产流程的数字化改造提供了方向指引和工作举措。此外，我国出台了包含《石化化工行业稳增长工作方案》在内的一系列稳增长政策，对行业稳定生产提供了有力支撑。2023 年以来化工行业主要相关政策如表 2 - 5 所示。

表 2 - 5　　　　　　　2023 年以来化工行业主要相关政策

序号	政策名称	发布部门	发布时间	相关内容
1	碳达峰碳中和标准体系建设指南	国家标准委等十一部门	2023 年4 月 1 日	加快制修订化工行业碳排放核算和报告标准、强制性能耗限额标准，以及加快制修订石油和天然气等领域相关标准
2	工业重点领域能效标杆水平和基准水平（2023 年版）	国家发展改革委等五部门	2023 年6 月 6 日	进一步扩大工业重点领域节能降碳升级范围，涉及石化化工行业重点领域达到 19 个
3	石化化工行业稳增长工作方案	工业和信息化部等七部门	2023 年8 月 18 日	提出 2023－2024 年的石化化工行业增长目标，2024 年行业营收目标、乙烯产量及化肥产量目标，以及五大工作举措
4	国家碳达峰试点建设方案	国家发展改革委	2023 年10 月 20 日	按照国家碳达峰碳中和工作总体部署，在全国范围内选择 100 个具有典型代表性的城市和园区开展碳达峰试点建设
5	关于加快传统制造业转型升级的指导意见	工业和信息化部等八部门	2023 年12 月 28 日	对包括石化化工在内的七大传统制造业部门转型升级提出到 2027 年的目标要求，以及五大行动举措
6	原材料工业数字化转型工作方案（2024－2026 年）附件 1：石化化工行业数字化转型实施指南	工业和信息化部等九部门	2024 年1 月 16 日	提出到 2026 年，石化化工行业数字化转型的主要目标和重点任务

2024 年，推动行业转型升级和高质量发展仍将是行业相关政策的重点。化工行业在寻求绿色低碳转型的同时，还面临着化解需求不足、产能过剩等

结构性矛盾的难题，这也构成行业相关政策的目标指向。预计适应"双碳"目标、数字化转型的更具体和可操作的相关政策将密集出台，而产业政策则更注重于创新引领、培育新动能、化解过剩产能，进而持续推进行业供给侧结构性改革。

（二）行业发展分析

2024年，国内工业补库存、宏观政策支撑下行业需求恢复向好，加之结构调整优化加快，化工行业发展整体将有所好转。

成本端压力仍存。2024年，影响国际原油价格的因素较多，"欧佩克+"自愿减产终期未定以及乌克兰危机、中东区域冲突持续，增加了国际原油价格变动的不确定性。总体而言，国际原油价格将有所反弹。受美国经济前景改善、红海航道阻滞、"欧佩克+"自愿减产延长至二季度影响，上半年国际原油价格或将呈现逐步走高态势。下半年，美国大概率开启降息周期，流动性宽松、全球需求回升对国际原油价格形成支撑。

市场需求有望趋稳向好。2024年，受内外部预期向好的支撑，我国经济内生增长动能将持续巩固和增强，逐步推动行业下游市场恢复。从国际看，美国开启降息将提振全球经济活动，支撑我国外需恢复和增长。从国内看，工业去库存趋近尾声并逐步进入补库存周期，将直接加大对行业产品的需求；此外，积极宏观政策持续加码、多措并举、协同发力，房地产市场有望企稳，汽车、家电等市场销售将进一步扩张，对行业市场需求回暖起到支撑作用。

行业流程创新加快推进。2024年，行业生产将持续朝着智能化、数字化转型升级，政策引导更加有力、建设路径逐步明晰。当前行业数字化转型走在流程工业前列，但转型水平仍难以满足行业高质量发展要求。《石化化工行业数字化转型实施指南》提出，围绕标准先行强基础、供应商培育优供给、技术改造促应用、平台布局育生态、前沿探索抢先机、数据安全强保障等谋划重点任务，将推动行业加快生产智能化数字化进程。

2.3.3　2024 年电力需求研判

综合考虑国内外经济形势、上游国际原油供给、下游市场需求等行业主要影响因素，考虑高方案、中方案和低方案共三个方案分别研判 2024 年化工行业用电需求。

推荐方案为中方案。外部需求趋于恢复，加之国内生产形势向好推动内需进一步恢复，化工行业主要产品产量将保持平稳增长。预计烧碱、化肥全年产量分别约为 4200 万、5770 万 t，分别比上年增长 2.4%、1.2%；全年用电量分别为 752 亿、733 亿 kW·h，分别比上年增长 2.3%、0.8%。化工行业全年用电量达 5915 亿 kW·h，比上年增长 3.5%。2024 年化工行业用电量预测如表 2-6 所示。

表 2-6　　　　　　　　2024 年化工行业用电量预测

年份		烧碱产量（万 t）	化肥产量（万 t）	烧碱用电量（亿 kW·h）	化肥用电量（亿 kW·h）	行业用电量（亿 kW·h）	行业用电量增速（%）
2021		3891	5446	647	730	4783	2.0
2022		3981	5472	649	733	5189	5.2
2023		4101	5713	735	727	5718	4.0
2024	高方案	4260	5810	764	739	5987	4.7
	中方案	4200	5770	752	733	5915	3.5
	低方案	4130	5740	738	730	5827	1.9

（本节撰写人：吴陈锐　审核人：吴姗姗）

2.4　建材行业

2.4.1　2023 年运行情况

（一）行业发展环境

2023 年，建材行业经济运行总体偏弱，规模以上建材工业增加值比上年下降 0.5%，建材工业出厂价格比上年下降 6.8%，建材及非金属矿商品出口金额比上年下降 11.0%[1]，规模以上建材企业营业收入比上年下降 7.9%，四季度主要经济运行指标降幅收窄，呈现筑底企稳迹象[2]。同时，绿色建材等新型建材产业保持良好发展势头，产业结构持续优化。

一是市场需求结构分化明显。一方面，受房地产投资持续下滑、市场恢复不及预期影响，水泥等传统建材需求偏弱，价格低位运行；另一方面，国内太阳能发电装机呈现爆发式增长，光伏玻璃需求旺盛，绿色建材下乡活动深入实施，试点地区拓展至 12 个省份，绿色建材营业收入超 1900 亿元，比上年增长 10%以上。

二是产能过剩问题仍有待化解。2023 年，全国水泥熟料产能利用率不足 60%，山西、贵州、辽宁、吉林、黑龙江、河南、新疆、内蒙古等地产能利用率不足 50%，错峰生产政策、停窑限产策略虽能起到稳价减产作用，但未能从根本上压减产能[3]。近年来，光伏玻璃产能持续扩张，2023 年供需差呈现扩大趋势，全国光伏压延玻璃产业总体呈现"产量增长、成本上涨、价格低位"的运行态势，存在一定阶段性和结构性过剩风险。

（二）产品及价格

主要产品产量总体下降，价格有升有降。2023 年，我国水泥产量 20.2 亿 t，比上年下降 0.7%，平板玻璃产量 9.7 亿重量箱，比上年下降 3.9%。平板玻璃中，光伏压延玻璃产量 2478.3 万 t，比上年增长 54.3%，主要受太阳能发电装机大幅增长拉动。产品价格方面，2023 年 12 月，水泥价格指数为 113.3，同比下降 23.1%，浮法平板玻璃市场价格为 2008 元/t，同比上升 23.9%，2mm、3.2mm 光伏压延玻璃平均价格为 18 元/m^2、25.7 元/m^2，同比分别下降 12.8%、5.6%。

---

[1] 以美元计价。
[2] 数据来自国家统计局和中国建筑材料联合会。
[3] 数据来自中国水泥协会。

（三）行业用电情况

用电量实现较快增长，结构持续优化。2023 年，建材行业用电量 4299 亿 kW·h，比上年增长 7.1%，其中水泥制造用电量 1175 亿 kW·h，比上年下降 6.9%，占建材行业用电比重为 27.3%，较上年下降 4.1 个百分点；玻璃制造用电量 230 亿 kW·h，比上年增长 15.5%，占建材行业用电量比重为 5.4%，较上年提升 0.4 个百分点；其他建材产品制造用电量 2893 亿 kW·h，比上年增长 13.2%，占建材行业用电量比重 67.3%，较上年提升 3.7 个百分点。2015－2023 年建材行业用电量结构变化如图 2-10 所示。

图 2-10　2015－2023 年建材行业用电量结构变化

2.4.2　2024 年发展环境

（一）政策环境分析

受内外部严峻复杂的运行环境影响，建材行业稳增长面临较大压力。2023 年以来，国家有关部门相继出台《建材行业稳增长工作方案》《绿色建材产业高质量发展实施方案》《原材料工业数字化转型工作方案（2024－2026 年）》等政策文件，确定了建材行业稳增长目标，通过扩大有效投资，丰富完善产品结构，积蓄发展动力，支撑行业稳增长；通过推广绿色建材，引导绿色消费，培育扩大新兴市场，促进行业转型升级；通过加快数字化转型，推广先进适用技术，提高生产效率；通过深化国际合作，实现高水平互利共赢，拓展发展空间。2023年以来建材行业相关政策如表 2-7 所示。

表 2-7 　　　　　　　　　　2023 年以来建材行业相关政策

序号	政策名称	发布部门	发布时间	政策目标
1	建材行业稳增长工作方案	工业和信息化部等八部门	2023 年 8 月 22 日	2024 年，力争工业增加值增速为 4%左右。绿色建材、矿物功能材料、无机非金属新材料等规模以上企业营业收入年均增长 10%以上，主要行业关键工序数控化率达到 65%以上，水泥、玻璃、陶瓷行业能效标杆水平以上产能占比超过 15%，产业高端化智能化绿色化水平不断提升
2	绿色建材产业高质量发展实施方案	工业和信息化部等十部门	2023 年 12 月 29 日	到 2026 年，绿色建材年营业收入超过 3000 亿元，2024－2026 年年均增长 10%以上。总计培育 30 个以上特色产业集群，建设 50 项以上绿色建材应用示范工程，政府采购政策实施城市不少于 100 个，绿色建材产品认证证书达到 12 000 张，绿色建材引领建材高质量发展、保障建筑品质提升的能力进一步增强
3	原材料工业数字化转型工作方案（2024－2026年）附件 4：建材行业数字化转型实施指南	工业和信息化部等九部门	2024 年 1 月	到 2026 年，建材行业生产制造智能化、经营管理数字化水平明显提升，关键工序数控化率达到 70%以上，关键业务环节全面数字化比例达到 55%以上，数字化研发设计工具普及率达到 75%，实现产业链协同的企业比例达到 25%。人工智能等新一代信息技术深化应用，生产效率大幅提高，产品质量整体改善，数字化能力显著提高

（二）行业发展分析

2024 年，在稳增长预期以及积极的宏观调控传导效应下，投资领域建材需求有望筑底企稳，工业消费市场稳中有增，对外贸易实现增长，产业转型和绿色发展将进一步激发行业内生动力，建材行业经济运行质量进一步提升[❶]。

市场需求总体改善。2024 年，基建投资将保持较快增长，对建材需求形成有效支撑，但房地产市场仍处于深度调整过程中，水泥需求预计小幅下降。新能源、新材料、汽车、电子信息等产业保持较高需求，建材产品多元化发展进

---

❶ 材料引自中国建筑材料联合会。

一步巩固。"一带一路"共建国家、RCEP 协议签署国等我国建材主要贸易地区经济持续发展，带动我国建材对外贸易继续增长。

建材价格有望企稳。2024 年，积极的宏观调控效应逐步转化为实物需求，有效稳定市场基本面，下游需求迭代升级促进建材产品消费，需求恢复促进供需关系调整，预计建材产品价格有望企稳。

2.4.3　2024 年电力需求研判

"十三五"期间，我国水泥产量高位运行、小幅波动，年均增速为 0.2%左右，2020 年，水泥产量 23.8 亿 t，水泥单位产品电耗水平为 63.9kW·h/t，水泥制造用电量占建材行业用电量比重为 38.7%。"十四五"前三年，我国水泥产量、用电量均快速下降，年均增速分别为-5.3%、-8.2%，但其他类型建材生产用电量年均增长 9.0%，带动建材行业总用电量年均增长 3.0%。2023 年，水泥单位产品电耗水平下降至 58.1kW·h/t，水泥用电量占建材行业用电量比重降至27.3%。2015 年以来建材行业历史用电量情况如表 2-8 所示。

表 2-8　　　　　2015 年以来建材行业历史用电量情况

年份	水泥产量（亿 t）	水泥单位产品电耗（kW·h/t）	水泥制造用电量（亿 kW·h）	建材行业用电量（亿 kW·h）	水泥制造用电量占建材行业用电量比重（%）
2015	23.5	62.5	1466	3105	47.2
2016	24.0	59.4	1428	3188	44.8
2017	23.2	60.9	1411	3305	42.7
2018	21.8	63.7	1386	3506	39.5
2019	23.3	64.0	1486	3761	39.7
2020	23.8	63.9	1520	3930	38.7
2021	23.6	63.4	1498	4152	36.1
2022	21.2	59.6	1262	4017	31.4
2023	20.2	58.1	1175	4299	27.3

根据 2024 年水泥行业运行环境以及"十四五"前三年水泥单位产品电耗下降趋势、建材行业非水泥制造用电量增长趋势，考虑高方案、中方案和低方

案共三个方案分别研判 2024 年建材行业用电需求。预计 2024 年水泥产量下降 2%～6%、水泥单位产品电耗下降 0.9～2.9kW·h/t，水泥制造用电量下降 7%～9%，建材行业非水泥制造用电量增长 5%～9%，建材行业总用电量在 4329 亿～4538 亿 kW·h，用电增速在 0.7%～5.6% 之间。

推荐方案为中方案，水泥产量下降 3%、单位产品电耗下降 3.3%，水泥制造用电量下降 7.7%，建材行业非水泥制造用电量增长 7%，建材行业总用电量 4443 亿 kW·h，用电增速为 3.4%，水泥制造用电量占建材行业用电量比重为 24.8%，较上年下降 2.5 个百分点。2024 年建材行业用电量预测如表 2 - 9 所示。

表 2 - 9　　　　　　　　　2024 年建材行业用电量预测

方案	水泥产量（亿 t）	水泥单位产品电耗（kW·h/t）	建材行业非水泥制造用电量增速（%）	建材行业用电量（亿 kW·h）	建材行业用电增速（%）
高方案	19.8	57.2	9	4538	5.6
中方案	19.6	56.2	7	4443	3.4
低方案	19.0	55.2	5	4329	0.7

（本节撰写人：许传龙　审核人：吴姗姗）

2.5 新型基础设施

新型基础设施是以新发展理念为引领，以技术创新为驱动，以信息网络为基础，面向高质量发展需要，提供数字转型、智能升级、融合创新等服务的基础设施体系，自 2020 年提出以来已被多次写入《政府工作报告》。2024 年《政府工作报告》指出，发挥好政府投资的带动放大效应，重点支持科技创新、新型基础设施、节能减排降碳。在各地利好政策的推动下，近年来新型基础设施保持快速增长态势，不仅带动了相关产业的发展，也对消费需求和产业升级拉动显著，为电力需求增长提供有力支撑[4]。

新型基础设施建设内容主要包括信息基础设施、融合基础设施和创新基础设施三个方面，涉及包括 5G 基站、特高压、城际高速铁路和城市轨道交通、新能源汽车充电桩、大数据中心、人工智能、工业互联网等在内的多个领域。本节选取 5G 基站、数据中心和电动汽车三个典型代表加以分析。

2.5.1 5G 基站

5G 网络是数字化转型的重要驱动力。自 2019 年正式启动 5G 商用以来，我国已建成全球规模最大的 5G 网络，5G 基站数量呈现迅猛增长态势。根据工业和信息化部数据，截至 2023 年底，我国 5G 基站总数已达 337.7 万个，2019－2023 年年均增加 81 万个。考虑我国 5G 网络建设遵循适度超前、以建促用、建用结合的原则，预计 2024 年我国新增 5G 基站数量仍然维持高位，2024 年底我国 5G 基站总数预计将超过 400 万个。2019－2024 年我国 5G 基站数量变化趋势如图 2 - 11 所示。

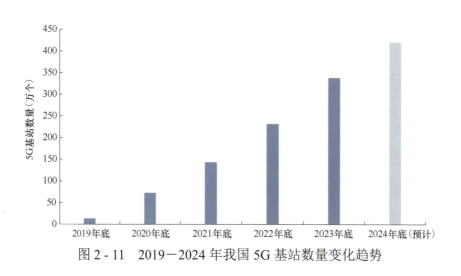

图 2 - 11　2019－2024 年我国 5G 基站数量变化趋势

5G 基站能耗主要包括主设备、空调系统、电源系统以及其他能耗四部分。主设备又可以分为有源天线单元（active antenna unit，AAU）、基带单元（base band unit，BBU）和网络传输设备等，其中 AAU 能耗随基站业务负荷波动较大，是 5G 基站能耗增加的主要原因。按照单个基站主设备数量 AAU×3+BBU×1 配置，并考虑空调系统、电源系统等其他能耗，预计单个 5G 基站能耗约为 6.7kW[1]。考虑 5G 基站节电技术、降温技术发展以及运营商基站有效利用情况，推算 **2024 年我国新增 5G 基站带来的新增电量规模约为 200 亿～250 亿 kW · h**。

2.5.2 数据中心

数据中心是新一代信息通信技术的重要载体，是数字经济发展的基石，也是各行业实现数字化、智能化转型的算力底座。近年来，5G、云计算、大数据、区块链等应用场景不断拓展，生成式人工智能等新技术快速崛起，驱动全社会数据与算力需求迅猛增长，成为数据中心快速发展的主要动力。与此同时，国家也陆续出台一系列利好政策助力数据中心均衡协调发展。

需求驱动叠加政策引导下，我国数据中心总体布局持续优化。2022 年，我国"东数西算"工程全面启动，确立了京津冀、长三角、粤港澳、内蒙古、宁夏、甘肃、成渝、贵州 8 个国家算力枢纽节点，充分整合了东部地区需求旺盛和中西部地区土地、电力等资源充足的优势。其中，京津冀、长三角、粤港澳、成渝 4 个节点立足服务重大区域发展战略实施的需求，进一步统筹好城市内部和周边区域的数据中心布局，贵州、内蒙古、甘肃、宁夏 4 个节点通过积极承接东部地区中高时延业务，推动东部人工智能模型训练推理、机器学习、视频渲染、离线分析、存储备份等业务有序转移，并承担本地实时性数据处理。我国算力空间布局优化也将有力带动西部地区电力需求的增长。

数据中心快速发展的同时也带来了能耗的快速增长。数据中心能耗主要来源于 IT 设备系统、空调系统、UPS 供配电系统和辅助照明系统，其中 IT 设备系统和空调系统是能耗主力，能耗合计占比接近 90%。在此背景下，绿色、集约、低碳逐渐成为数据中心的发展方向，储能技术、液冷技术在数据中心节能降碳中发挥重要作用。2023 年 12 月，国家发展改革委等部门发布《关于深入实

---

[1] 数据来源：《中国数字基建的脱碳之路：数据中心与 5G 减碳潜力与挑战（2020－2035）》报告。

施"东数西算"工程　加快构建全国一体化算力网的实施意见》，指出要促进数据中心节能降耗，强化绿色低碳技术推广应用。

未来一段时期，预计我国数据中心规模仍保持高速增长态势。根据工业和信息化部数据，截至 2023 年 6 月我国在用数据中心机架总规模超过 760 万标准机架，近年来增速在 30% 左右。预计 2024 年我国在用数据中心机架总规模将接近 1000 万标准机架。按照单个机架平均功率折算并考虑数据中心有效利用情况，**预计 2024 年我国新增数据中心带来的新增电量规模约为 300 亿～350 亿 kW·h。**

2.5.3　电动汽车

受经济稳步恢复、交通出行需求稳步增加、新能源产业链和充电基础设施不断完善等因素共同推动，我国电动汽车保有量快速增长。根据公安部数据，截至 2023 年底，全国新能源汽车保有量达 2041 万辆，其中纯电动汽车保有量为 1552 万辆，占新能源汽车总量的 76.0%。2019－2023 年，我国新能源汽车保有量年均增加 415 万辆，占汽车总量比重从 1.5% 上升至 6.1%；纯电动汽车保有量年均增加 311 万辆，占新能源汽车比重基本在 80% 附近波动。2019－2024 年我国新能源汽车及纯电动汽车保有量变化趋势如图 2-12 所示。

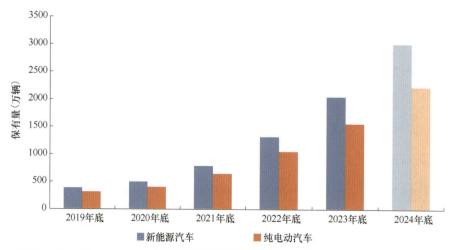

图 2-12　2019－2024 年我国新能源汽车及纯电动汽车保有量变化趋势

2024 年，作为新质生产力的典型代表，我国新能源汽车产业仍将保持快速发展态势，并迈入规模化、全球化的高质量发展新阶段。根据中国汽车工业协会预测，2024 年我国新能源汽车销量将达到 1150 万辆，预计 2024 年底我国新能源汽车保有量约为 3000 万辆，其中纯电动汽车保有量突破 2200 万辆。根据近年来纯电动汽车保有量与充电量的拟合关系，估算**2024 年新增电动汽车带来的新增电量约为 180 亿～250 亿 kW·h。**

（本节撰写人：汲国强　审核人：吴姗姗）

3

区域篇

3.1 华北电网区域

3.1.1 2023 年经济与电力供需情况

（一）2023 年经济运行

经济增速高于全国平均水平。 2023 年，华北电网区域各省市从加大投资、促进消费和刺激进出口三个方面同时发力。京津冀协同发展不断走深走实；山东加快雄商、津潍、潍烟等 7 个高铁项目的建设，深化基础设施"七网"行动，为投资提供了动力；河北加快推进高水平对外开放，推动唐山港、秦皇岛港错位发展；山西出台推动经济回升向好 40 条政策措施。全年华北电网区域 GDP 增速高于全国平均水平 0.2 个百分点，GDP 占全国比重为 17.6%。

（二）2023 年电力消费

1. 2023 年全社会用电量

全社会用电量较快增长，第二产业是主要拉动力。 2023 年，华北电网区域全社会用电量 18 078 亿 kW·h，比上年增长 6.6%，增速与全国平均水平基本持平。其中，三次产业和居民生活用电量增速分别为 11.6%、4.9%、13.8%、5.7%，第一产业、第三产业和居民生活用电量增速分别高于全国平均水平 0.1、1.6、4.8 个百分点，第二产业用电量增速低于全国平均水平 1.6 个百分点。三次产业和城乡居民生活用电量对全社会用电量增长的贡献率分别为 2.4%、50.1%、35.6%、11.9%，第二产业是拉动全社会用电量增长的主要动力。分省份来看，各省级电网用电量增速从高到低依次为河北南、冀北、山西、天津、北京、山东，用电量增速分别为 10.4%、8.4%、6.0%、6.0%、6.0%、5.4%。山东和河北南网是用电增长主要拉动区域，合计贡献率接近 60%。2023 年全国、华北电网区域分部门用电量增速及贡献率如图 3-1 所示。

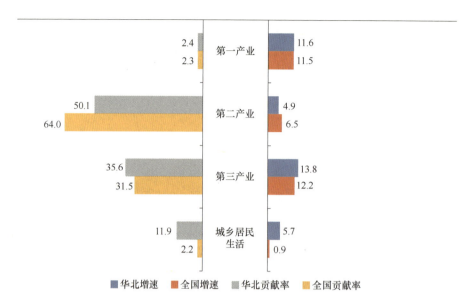

图 3-1　2023 年全国、华北电网区域分部门用电量增速及贡献率（单位：%）

2. 2023 年最大负荷及负荷特性

多轮寒潮天气拉动下最大负荷出现于度冬期间。2023 年，华北电网区域最大负荷为 2.7 亿 kW，出现于度冬期间，主要受多轮寒潮天气拉动。度夏期间受台风、强对流天气以及上年高基数影响，最大负荷呈低速增长态势。2023 年，华北电网区域最大峰谷差为 8923 万 kW，比上年微增 0.2%，近五年峰谷差年均增速约为 6.6%，年均增速为各区域最高。华北电网区域平均用电负荷率为 90.2%，比上年下降 1.1 个百分点。

（三）2023 年电力供应

发电装机容量快速增长，火电装机容量占比超过一半。截至 2023 年底，华北电网区域装机容量为 5.3 亿 kW，比上年增长 12.6%。其中，水电、火电、核电、风电、太阳能发电装机容量占比分别为 2.3%、54.1%、0.5%、16.1%、27.0%，火电装机容量占比超过一半，新能源装机容量占比超过 40%。截至 2023 年底华北电网区域装机结构如图 3-2 所示。

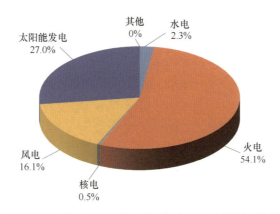

图 3 - 2　截至 2023 年底华北电网区域装机结构

（四）电力供需平衡情况

2023 年华北电网区域电力供需基本平衡。度夏期间，华北电网区域 8 月上旬出现持续高温，多地最大负荷创历史新高，通过区域内省间互济基本满足电力需求。度冬期间，受大范围寒潮天气影响，12 月下旬华北电网区域多地最大负荷均创历史新高，通过跨省跨区互济支援、企业错峰与节约用电等措施，保障了电力可靠供应。

3.1.2　2024 年电力供需环境研判

（一）宏观经济

经济保持平稳增长。北京、天津多措并举推动京津冀协同发展；河北在对接京津、服务京津中强化协同创新，在产业协作中加快发展，计划完成交通投资 1100 亿元，创历史计划最高；山东围绕塑造绿色低碳高质量发展新优势，印发《2024 年"促进经济巩固向好、加快绿色低碳发展"政策清单（第一批）》，拿出"真金白银"支持企业发展；山西依托传统优势，发布《山西省重点产业链"链长制"2024 年行动计划》，以推进新型工业化、振兴升级制造业为抓手，主动服务和融入新发展格局。预计全年华北电网区域经济延续平稳增长态势。2023、2024 年华北电网区域经济增速如表 3 - 1 所示。

表 3 - 1 　　　　　2023、2024 年华北电网区域经济增速

地区	2023 年增速	2024 年各省政府工作报告目标
华北	5.4%	—
北京	5.2%	5%左右
天津	4.3%	4.5%左右
河北	5.5%	5.5%左右
山西	5.0%	5%左右
山东	6.0%	5%以上

（二）气象情况

预计迎峰度夏期间，华北电网区域降水较常年同期偏多，其中天津、河北南部、山西南部、山东偏多 2～5 成；预计气温较常年同期偏高，其中北京、天津、河北、山西北部、山东西北部偏高 1～2℃。

3.1.3　2024 年电力需求预测

（一）全社会用电量

预计全社会用电量增速较 2022－2023 年年均增速稳中有升。综合考虑各类因素，预计 2024 年，华北电网区域全社会用电量约为 1.90 万亿 kW·h，比上年增长 5.3%，增速较 2022－2023 年年均增速上升 0.8 个百分点。其中，各省级电网用电量增速从高到低依次为河北南、山西、天津、冀北、北京、山东，增速分别为 7.3%、6.4%、5.3%、5.2%、5.1%、4.2%，各省级电网用电量增速均较 2022－2023 年年均增速有不同程度上升。2024 年华北电网区域全社会用电量增速如图 3 - 3 所示。

（二）最大负荷

预计华北电网区域最大负荷保持较快增长。综合考虑各类因素，预计 2024 年，华北电网区域最大负荷 2.9 亿 kW，比上年增长 6.4%，增速较上年略有上升。迎峰度夏、迎峰度冬期间华北电网区域最大负荷分别为 2.9 亿、2.8 亿 kW，同比分别增长 8.8%、2.7%。

图 3 - 3 2024 年华北电网区域全社会用电量增速

3.1.4 2024 年电力供应预测

（一）2024 年新投产装机

预计华北电网区域新投产新能源比重首度超过 80%。预计 2024 年华北电网区域新投产装机容量 0.8 亿 kW，其中，受河北、山西、山东等地新能源装机大量并网拉动，华北电网区域风电、太阳能发电新投产装机容量占地区新投产装机容量的比重合计达到 86.6%；水电、核电、火电新投产装机容量占地区全部新投产装机容量的比重分别为 0.7%、1.8%、10.9%。2015－2024 年华北电网区域新投产发电装机情况如图 3 - 4 所示。

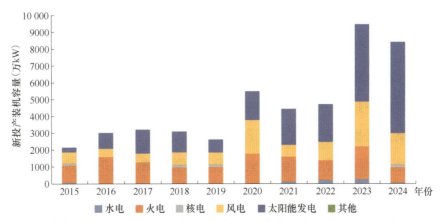

图 3 - 4 2015－2024 年华北电网区域新投产发电装机情况

（二）2024 年总装机规模

预计华北电网区域火电装机比重降至 50%。预计到 2024 年底，华北电网区域发电装机容量将达到 7.7 亿 kW。其中，水电、火电、核电、风电、太阳能发电装机容量占总装机容量的比重分别为 1.9%、50.0%、0.5%、19.8%、27.8%。与上年相比，火电装机容量占比下降 5.0 个百分点。截至 2024 年底华北电网区域装机结构如图 3 - 5 所示。

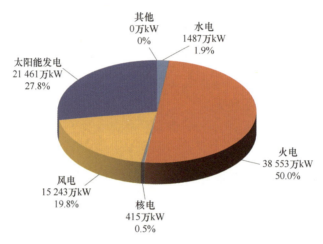

图 3 - 5　截至 2024 年底华北电网区域装机结构

3.1.5　2024 年电力供需形势预测

电力供需平衡偏紧，晚峰时段存在电力缺口。华北电网区域迎峰度夏最大负荷通常出现在 7、8 月午峰，迎峰度冬最大负荷通常出现在 12 月，午峰、晚峰基本持平。**考虑检修容量、受阻容量、备用容量情况，并考虑已确定的中长期交易信息，预计华北电网区域迎峰度夏、迎峰度冬均电力供需平衡偏紧，其中晚峰均存在不同程度电力缺口**。

省级电网中，京津唐电网迎峰度夏午峰平衡有余，晚峰电力供需平衡偏紧，迎峰度冬晚峰电力供需紧张；河北南网迎峰度夏午峰平衡有余，晚峰电力供需紧张，迎峰度冬电力供需平衡偏紧；山西电网迎峰度夏、迎峰度冬均电力供需平衡有余；山东电网迎峰度夏午峰电力供需平衡，晚峰电力供需紧张，迎峰度冬晚峰电力供需平衡偏紧。**在采取增加跨省跨区交易、最大化省间互济支援能力等措施之后，各省可基本实现供需平衡。**

（本节撰写人：段金辉、郑志海、李想、孙林海、王阳

审核人：吴姗姗、袁佳双）

3.2 华东电网区域

3.2.1 2023年经济与电力供需情况

（一）2023年经济运行

经济回升向好，产业结构持续优化。2023年，华东电网区域克服上年新冠疫情带来的不利影响，经济持续回升向好，地区产业结构持续优化，各省市多措并举扩内需稳外需，经济高质量发展成效明显。上海开展提信心、扩需求、稳增长、促发展"十大行动"；江苏多措并举为企业减负纾困，持续开展"苏新消费"等系列促消费活动；浙江启动实施扩大有效投资"千项万亿"工程、"415X"先进制造业集群培育工程、服务业高质量发展"百千万"工程等；安徽持续推进"徽动消费"行动、"投资安徽行"系列活动、"徽动全球"出海行动；福建积极培育经济发展新动能，拓宽产业新赛道，培育壮大产业链。全年华东电网区域GDP增速高于全国平均水平0.3个百分点，GDP占全国比重为28.5%，在全国经济增长中继续发挥引领作用。

（二）2023年电力消费

1. 2023年全社会用电量

全社会用电量较快增长，第二产业贡献率超过全国平均水平。2023年，华东电网区域全社会用电量22 183亿 kW·h，比上年增长6.4%，增速略低于全国平均水平。其中，三次产业和居民生活用电量增速分别为8.3%、7.3%、11.2%、

−2.4%，第一产业、第三产业和居民生活用电量增速分别低于全国平均水平 3.2、1.0、3.3 个百分点，第二产业用电量增速高于全国平均水平 0.8 个百分点，对全社会用电量增长的贡献率高于全国平均水平 9.4 个百分点，增长动能强劲。分省份来看，各省级电网用电量增速从高到低依次为安徽、浙江、福建、上海、江苏，用电量增速分别为 7.4%、6.8%、6.6%、5.9%、5.9%。江苏和浙江是用电增长主要拉动省份，合计贡献率超过 60%。2023 年全国、华东电网区域分部门用电量增速及贡献率如图 3 - 6 所示。

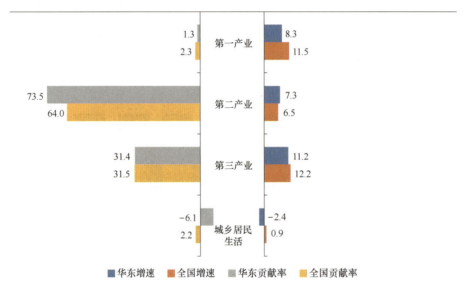

图 3 - 6　2023 年全国、华东电网区域分部门用电量增速及贡献率（单位：%）

2. 2023 年最大负荷及负荷特性

度夏气温极端性相对减弱，最大负荷低速增长。2023 年，华东电网区域最大负荷为 3.7 亿 kW。其中，度夏期间气温总体回归常年平均水平，极端性较上年有所减弱，最大负荷呈低速增长态势；度冬期间受寒潮天气影响，最大负荷高速增长。度冬最大负荷占度夏最大负荷比重较上年大幅提升 14.9 个百分点，夏冬"双峰"特征较上年更为显著。2023 年，华东电网区域最大峰谷差为 9976 万 kW，比上年增长 13.5%，增速为各区域最高，近五年峰谷差年均增速约为 6.1%。华东电网区域平均用电负荷率为 90.0%，与上年基本持平。

（三）2023 年电力供应

发电装机容量快速增长，新能源装机容量占比超过 30%。 截至 2023 年底，华东电网区域装机容量 5.3 亿 kW，比上年增长 11.4%。其中，水电、火电、核电、风电、太阳能发电装机容量占比分别为 7.4%、56.8%、5.1%、8.5%、22.2%，新能源装机容量占比超过 30%。截至 2023 年底华东电网区域装机结构如图 3 - 7 所示。

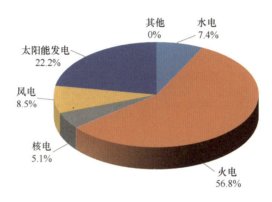

图 3 - 7　截至 2023 年底华东电网区域装机结构

（四）电力供需平衡情况

2023 年华东电网区域电力供需总体平衡。 度夏期间，华东电网区域最高气温及连续高温日数均不及上年同期，高温极端性相对减弱，最大负荷平稳增长，电力供需总体平衡。度冬期间，华东电网区域受寒潮影响负荷增长迅速，通过增加区外受电、优化区内互济、发挥燃机顶峰作用、加强负荷侧管理等措施，成功应对寒潮挑战，保障了电网安全稳定运行。

3.2.2　2024 年电力供需环境研判

（一）宏观经济

经济保持平稳增长，从秩序恢复逐步转入内生性复苏。 上海进一步加快建设"五个中心"，提升城市能级和核心竞争力，持续增强辐射带动能力；江苏积极扩内需稳外需，着力优化政策措施，延续实施支持先进制造业、小微企业发展等阶段性减税降费政策；浙江聚力提升政策引导保障成效，精准落实惠企政策，深入实施扩大有效投资"千项万亿"工程，促进消费提质扩容、平稳增长；安徽深入推进高水平创新型省份建设，把科技创新势能更多转化为高质量发展新动能；福建推进产业智能化、绿色化、融合化，打造上下游协同、大中小融通的先进制造业集群。预计全年华东电网区域经济从秩序恢复逐步转入内生性复苏阶段，经济增速仍保持平稳。2023、2024 年华东电网区域经济增速如表 3 - 2 所示。

表 3 - 2　　　　　　　2023、2024 年华东电网区域经济增速

地区	2023 年增速	2024 年各省政府工作报告目标
华东	5.5%	—
上海	5.0%	5%左右
江苏	5.8%	5%以上
浙江	6.0%	5.5%左右
安徽	5.8%	6%左右
福建	4.5%	5.5%左右

（二）气象情况

预计迎峰度夏期间，华东电网区域中，上海、江苏、浙江西北部、安徽北部降水较常年同期偏多 2～5 成，安徽大部偏多 5～8 成，浙江南部和福建降水接近常年同期或偏少，其中福建东南部偏少 2～5 成；预计气温较常年同期偏高，其中浙江南部、福建偏高 1～2℃。

3.2.3　2024 年电力需求预测

（一）全社会用电量

预计全社会用电量延续较快增长态势。综合考虑各类因素，预计 2024 年，华东电网区域全社会用电量约为 2.37 万亿 kW·h，比上年增长 6.7%，增速较 2022－2023 年年均增速上升 1.1 个百分点。其中，各省级电网用电量增速从高到低依次为安徽、浙江、福建、江苏、上海，增速分别为 9.5%、6.7%、6.7%、

6.0%、4.5%，各省市用电量增速均较 2022－2023 年年均增速有不同程度上升。2024 年华东电网区域全社会用电量增速如图 3 - 8 所示。

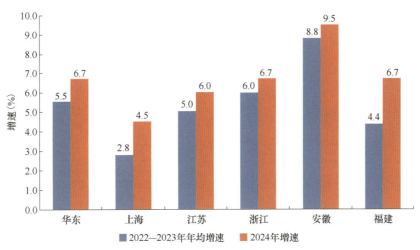

图 3 - 8　2024 年华东电网区域全社会用电量增速

（二）最大负荷

预计华东电网区域最大负荷增速较上年显著反弹。综合考虑各类因素，预计 2024 年，华东电网区域最大负荷 4.1 亿 kW，比上年增长 9.3%，增速较上年上升 6.8 个百分点。迎峰度夏、迎峰度冬期间华东电网区域最大负荷分别为 4.1 亿、3.7 亿 kW，同比分别增长 9.3%、1.3%，其中度夏最大负荷保持较快增长，度冬最大负荷受上年基数影响增速回落。

3.2.4　2024 年电力供应预测

（一）2024 年新投产装机

预计华东电网区域太阳能发电新投产装机容量维持较大规模。预计 2024 年华东电网区域新投产装机容量 0.7 亿 kW，其中，受安徽、江苏、浙江太阳能发电装机集中投运影响，预计太阳能发电新投产装机容量达到 5006 万 kW，连续第二年超过 3000 万 kW，创历史新高，占地区新投产装机容量的比重为 73.7%；核电、水电、风电、火电新投产装机容量分别占地区全部新投产装机容量的 1.8%、3.9%、

5.0%、15.8%。2015—2024年华东电网区域新投产发电装机情况如图3-9所示。

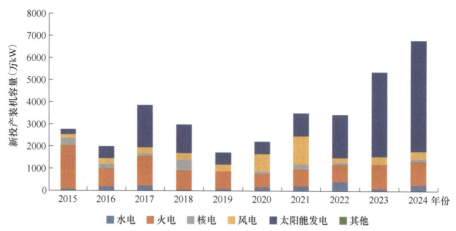

图3-9　2015—2024年华东电网区域新投产发电装机情况

（二）2024年总装机规模

预计华东电网区域新能源装机比重超过1/3。预计到2024年底，华东电网区域发电装机容量将达到5.9亿kW。其中，水电、火电、核电、风电、太阳能发电装机容量占总装机容量的比重分别为7.0%、52.1%、4.7%、8.1%、28.1%。与上年相比，火电装机容量占比下降4.7个百分点，但仍在50%以上，为各区域最高，新能源装机容量占比上升5.5个百分点，比重超过1/3。截至2024年底华东电网区域装机结构如图3-10所示。

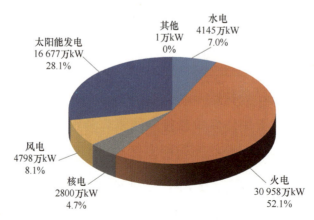

图3-10　截至2024年底华东电网区域装机结构

3.2.5 2024 年电力供需形势预测

迎峰度夏、迎峰度冬均电力供需紧张，晚峰供需形势更为严峻。华东电网区域迎峰度夏最大负荷通常出现在 7、8 月午峰，迎峰度冬最大负荷通常出现在 12 月晚峰。**考虑检修容量、受阻容量、备用容量情况，并考虑已确定的中长期交易信息，预计华东电网区域迎峰度夏、迎峰度冬均电力供需紧张，午峰、晚峰均存在电力缺口，其中晚峰供需形势更为严峻。**

省级电网中，上海电网迎峰度夏、迎峰度冬通过区域内省间互济支援可基本实现供需平衡；江苏电网迎峰度夏、迎峰度冬午晚峰均电力供需紧张，晚峰缺口较午峰更大；浙江电网迎峰度夏、迎峰度冬午晚峰均电力供需紧张，各月均有一定缺口；安徽电网迎峰度夏午晚峰、迎峰度冬晚峰均电力供需紧张，晚峰供需形势较午峰严峻；福建电网迎峰度夏午峰电力供需基本平衡，晚峰电力供需平衡偏紧，迎峰度冬电力供需基本平衡。**在采取提升区外来电受入水平、增加跨省跨区交易等措施之后，华东电网区域最大电力缺口可得到一定缓解。**

（本节撰写人：许传龙、郑志海、李想、孙林海、王阳

审核人：吴姗姗、袁佳双）

3.3 华中电网区域

3.3.1 2023 年经济与电力供需情况

（一）2023 年经济运行

河南、江西拖累下经济增长相对乏力。2023 年，华中电网区域各省经济增长表现分化。湖北推动传统产业转型升级，以创新引领产业加速转型，GDP 比上年增长 6.0%，增速高于全国平均水平 0.8 个百分点；湖南锚定"三高四新"美好蓝图，产业结构不断优化，制造业平稳增长，GDP 比上年增长 4.6%，

2022－2023 年平均增速仍高于全国 0.3 个百分点；受市场需求仍显不足、服务业恢复较慢等因素影响，河南、江西 GDP 比上年分别增长 4.1%、4.1%，经济运行压力仍然较大。全年华中电网区域 GDP 增速低于全国平均水平 0.5 个百分点，但 2022－2023 年平均增速仍略高于全国平均水平。

（二）2023 年电力消费

1. 2023 年全社会用电量

全社会用电量低速增长，第三产业是主要拉动力。2023 年，华中电网区域全社会用电量 11 101 亿 kW·h，比上年增长 3.0%，增速低于全国平均水平 3.7 个百分点。其中，三次产业和居民生活用电量增速分别为 13.2%、1.8%、11.6%、−1.8%，第一产业用电量增速高于全国平均水平 1.7 个百分点，第二、第三产业和居民生活用电量增速分别低于全国平均水平 4.7、0.6、2.7 个百分点，第二产业增长尤为乏力。三次产业和城乡居民生活用电量对全社会用电量增长的贡献率分别为 6.0%、34.3%、73.3%、−13.6%，第三产业是拉动全社会用电量增长的主要动力。分省份来看，各省级电网用电量增速从高到低依次为河南、湖北、江西、湖南，用电量增速分别为 4.6%、2.2%、2.1%、1.8%。河南是用电增长主要拉动省份，贡献率超过 50%。2023 年全国、华中电网区域分部门用电量增速及贡献率如图 3 - 11 所示。

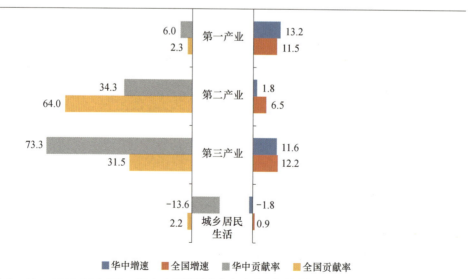

图 3 - 11　2023 年全国、华中电网区域分部门用电量增速及贡献率（单位：%）

2. 2023 年最大负荷及负荷特性

受夏季气温同比偏低影响最大负荷增长乏力。2023 年，华中电网区域最大负荷为 2.0 亿 kW。其中，度夏期间平均气温虽较常年同期偏高，但较上年同期显著偏低，高温持续时间较上年大幅减少，最大负荷同比仅微增 0.6%，增长较为乏力；度冬期间受寒潮天气影响，最大负荷同比大幅增长 18.6%。2023 年，华中电网区域最大峰谷差为 6788 万 kW，比上年增长 10.1%，近五年峰谷差年均增速约为 4.7%。华中电网区域平均用电负荷率为 87.3%，比上年上升 0.8 个百分点。

（三）2023 年电力供应

发电装机容量高速增长，新能源装机容量占比超过 1/3。截至 2023 年底，华中电网区域装机容量 3.8 亿 kW，比上年增长 17.8%。其中，水电、火电、核电、风电、太阳能发电装机容量占比分别为 17.5%、45.6%、0%、12.0%、24.9%。截至 2023 年底华中电网区域装机结构如图 3 - 12 所示。

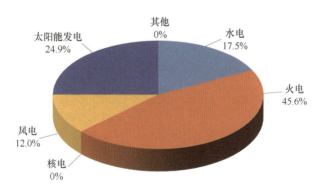

图 3 - 12　截至 2023 年底华中电网区域装机结构

（四）电力供需平衡情况

2023 年华中电网区域电力供需整体平衡或有盈余。度夏期间，华中电网区域高温持续天数较上年大幅减少，用电负荷低速增长。水电来水情况与常年均值相比偏少，但电煤供需形势宽松，且外购电较为充裕，因此度夏期间电力供应有盈余；度冬期间电力供需基本平衡。

3.3.2　2024 年电力供需环境研判

（一）宏观经济

经济增速重新高于全国平均水平。湖北省深入实施新型工业化大推进战略，着力扩大有效益的投资，着力激发有潜能的消费，协同推进外贸外资增量提质，加快建设全国构建新发展格局先行区；湖南省更好统筹消费和投资，多途径激发市场活力，增强经济发展动能；河南省统筹扩大内需和深化供给侧结构性改革，切实增强经济活力、防范化解风险、改善社会预期；江西省深化落实"一主一副、两翼联动、多点支撑"区域发展格局，推动各区域板块优势互补、协同发展。预计全年华中电网区域 GDP 增速较上年有显著提升，重新高于全国平均水平。2023、2024 年华中电网区域经济增速如表 3 - 3 所示。

表 3 - 3　　　　　　　　　2023、2024 年华中电网区域经济增速

地区	2023 年增速	2024 年各省政府工作报告目标
华中	4.7%	—
湖北	6.0%	6.0%
湖南	4.6%	6%左右
河南	4.1%	5.5%
江西	4.1%	5%左右

（二）气象情况

预计迎峰度夏期间，华中电网区域降水较常年同期明显偏多，其中湖南北部、河南大部、湖北西北部、江西北部偏多 2~5 成，湖北大部、湖南东北部、河南南部偏多 5~8 成，湖南南部、江西南部降水接近常年同期；预计气温较常年同期偏高，其中江西南部、湖南南部偏高 1~2℃。

3.3.3　2024 年电力需求预测

（一）全社会用电量

预计华中电网区域全社会用电量增速显著回升。综合考虑各类因素，预计 2024

年，华中电网区域全社会用电量约为 1.17 万亿 kW·h，比上年增长 5.8%，增速较上年显著回升 2.7 个百分点，较 2022—2023 年年均增速上升 1.1 个百分点。其中，各省级电网用电量增速从高到低依次为湖南、江西、湖北、河南，增速分别为 6.9%、6.1%、5.9%、4.8%。2024 年华中电网区域全社会用电量增速如图 3 - 13 所示。

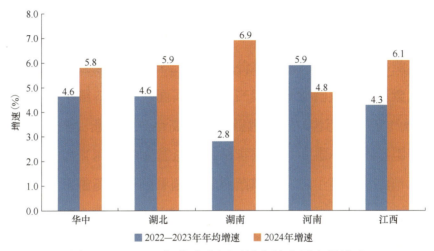

图 3 - 13　2024 年华中电网区域全社会用电量增速

（二）最大负荷

预计华中电网区域最大负荷保持较快增长。综合考虑各类因素，预计 2024 年，华中电网区域最大负荷 2.1 亿 kW，比上年增长 8.5%，增速较上年显著回升。迎峰度夏、迎峰度冬期间华中电网区域最大负荷分别为 2.1 亿、1.9 亿 kW，同比分别增长 8.5%、4.2%。

3.3.4　2024 年电力供应预测

（一）2024 年新投产装机

预计华中电网区域新投产风电装机规模仅次于 2020 年。预计 2024 年华中电网区域新投产装机容量 0.4 亿 kW，其中，水电、火电新投产装机容量分别占地区新投产装机容量的 0.6%、12.5%；无核电新投产；风电、太阳能发电新投产装机容量分别占地区全部新投产装机容量的 20.2%、66.7%，合计达到 86.9%，风电装机规模仅次于 2020 年。2015—2024 年华中电网区域新投产发电装机情况如图 3 - 14 所示。

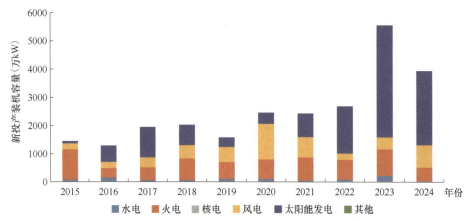

图 3 - 14　2015—2024 年华中电网区域新投产发电装机情况

（二）2024 年总装机规模

预计华中电网区域新能源装机占比与火电基本持平。预计到 2024 年底，华中电网区域发电装机容量将达到 4.2 亿 kW。其中，水电、火电、核电、风电、太阳能发电装机容量占总装机容量的比重分别为 15.9%、42.4%、0%、12.8%、28.9%。与上年相比，火电装机容量占比下降 3.1 个百分点，新能源装机容量占比上升 4.7 个百分点，与火电占比基本持平。截至 2024 年底华中电网区域装机结构如图 3 - 15 所示。

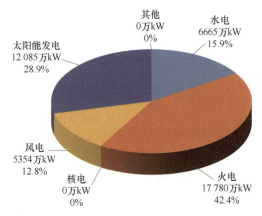

图 3 - 15　截至 2024 年底华中电网区域装机结构

3.3.5　2024年电力供需形势预测

迎峰度夏晚峰电力供需平衡偏紧，迎峰度冬基本平衡。华中电网区域迎峰度夏、迎峰度冬最大负荷通常出现在8月、12月晚峰。**考虑检修容量、受阻容量、备用容量情况，并考虑已确定的中长期交易信息，预计华中电网区域迎峰度夏晚峰电力供需平衡偏紧，存在电力缺口，迎峰度冬基本平衡。**

省级电网中，湖北电网迎峰度夏午峰电力供需基本平衡，晚峰电力供需平衡偏紧，迎峰度冬电力供需基本平衡；湖南电网迎峰度夏午峰电力供需平衡有余，晚峰电力供需紧张，迎峰度冬电力供需基本平衡；河南电网迎峰度夏午峰电力供需平衡有余，晚峰电力供需紧张，迎峰度冬晚峰电力供需基本平衡；江西电网迎峰度夏午峰电力供需平衡，晚峰电力供需紧张，迎峰度冬午峰电力供需平衡偏紧，晚峰电力供需紧张。**考虑充分发挥跨省跨区互济支援能力等措施后，有缺口省份可基本实现供需平衡。**

（本节撰写人：姚力、郑志海、李想、孙林海、王阳

审核人：吴姗姗、袁佳双）

3.4　东北电网区域

3.4.1　2023年经济与电力供需情况

（一）2023年经济运行

经济增速高于全国平均水平，两年年均增速仍相对较低。2023年，辽宁着力扩大内需、优化结构、提振信心、化解风险，十年来经济增速首次超过全国平均水平；吉林省聚焦重点行业、重点企业、重点项目，挖增量、控减量、以丰补歉，全年经济稳定恢复；黑龙江着力建设"六个龙江"、加快推进"八个振兴"，但受传统高耗能行业增长明显减缓影响，经济增速仍显著低于全国水平；内蒙古注重基础设施建设、对外开放，促进产业升级，经济实现较快增长。全

年东北电网区域 GDP**❶**增速高于全国平均水平 0.3 个百分点，但 2022－2023 年平均增速仍低于全国 0.3 个百分点，经济增长动力有待进一步挖掘。

（二）2023 年电力消费

1．2023 年全社会用电量

全社会用电量增速低于全国平均水平，第二、第三产业贡献率基本持平。2023 年，东北电网区域全社会用电量 5564 亿 kW·h，比上年增长 5.3%，增速低于全国平均水平 1.4 个百分点。其中，三次产业和居民生活用电量增速分别为 17.0%、3.6%、13.9%、1.1%，第一产业、第三产业和居民生活用电量增速分别高于全国平均水平 5.5、1.7、0.2 个百分点，第二产业用电量增速低于全国平均水平 2.9 个百分点。三次产业和城乡居民生活用电量对全社会用电量增长的贡献率分别为 7.1%、44.5%、45.1%、3.3%，第二、第三产业贡献率基本持平。分省份来看，各省级电网用电量增速从高到低依次为吉林、蒙东、辽宁、黑龙江，用电量增速分别为 8.9%、8.3%、4.4%、3.9%。辽宁是用电增长主要拉动省份，贡献率超过 40%。2023 年全国、东北电网区域分部门用电量增速及贡献率如图 3 - 16 所示。

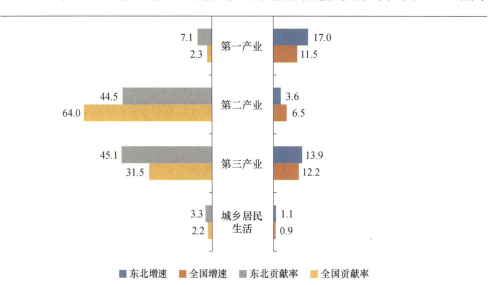

图 3 - 16　2023 年全国、东北电网区域分部门用电量增速及贡献率（单位：%）

---

❶ 本节分析东北电网区域经济增长情况时，GDP 统计范围为辽宁、吉林、黑龙江、内蒙古 4 省（区），不再单独计算蒙东地区 GDP。

2. 2023 年最大负荷及负荷特性

最大负荷快速增长。2023 年，东北电网区域最大负荷为 0.8 亿 kW，比上年增长 10.3%，出现于度冬期间，受多轮寒潮天气拉动，最大负荷增速达到两位数。2023 年，东北电网区域最大峰谷差为 1799 万 kW，比上年增长 3.4%，近五年峰谷差年均增速约为 4.2%。2023 年，东北电网区域平均用电负荷率为 88.2%，比上年下降 2.0 个百分点。

（三）2023 年电力供应

发电装机容量快速增长，风电装机容量占比为各区域最高。截至 2023 年底，东北电网区域装机容量 2.1 亿 kW，比上年增长 10.4%。其中，水电、火电、核电、风电、太阳能发电装机容量占比分别为 6.0%、51.1%、3.2%、27.9%、11.8%，风电装机容量占比接近 30%，为各区域最高。截至 2023 年底东北电网区域装机结构如图 3 - 17 所示。

图 3 - 17　截至 2023 年底东北电网区域装机结构

（四）电力供需平衡情况

2023 年东北各省电力供需基本平衡。度夏期间，东北电网区域电力供应较为充裕，各月均有一定电力裕度。度冬期间，受寒潮天气影响，东北电网区域负荷 11 次创历史新高，通过加强机组运行管理、开展省间互济支援等措施，电力供需基本平衡。

3.4.2　2024 年电力供需环境研判

（一）宏观经济

经济增速稳步回升。辽宁主要通过全面振兴新突破三年行动，打造升级 4 个万亿级产业基地，巩固工业增加值、社会消费品零售总额万亿元以上发展水平，推动固定资产投资、进出口总额等稳步跨过万亿级台阶；吉林大力培育"四大集群"、发展"六新产业"、建设"四新设施"，推动全面振兴率先实现新突破；黑龙江建好建强"三基地、一屏障、一高地"，着力建设"六个龙江"、加快推进"八个振兴"，开创持续振兴新局面；内蒙古坚定实施投资带动战略，推动农牧业上水平、工业挑大梁、新能源唱主角、现代服务业促升级。预计全年东北电网区域GDP 增速较上年有所回升。2023、2024 年东北电网区域经济增速如表 3 - 4 所示。

表 3 - 4　　　　　　　　2023、2024 年东北电网区域经济增速[1]

地区	2023 年增速	2024 年各省政府工作报告目标
东北	5.5%	—
辽宁	5.3%	5.5%左右
吉林	6.3%	6%左右
黑龙江	2.6%	5.5%左右
内蒙古	7.3%	6%以上

（二）气象情况

预计迎峰度夏期间，东北电网区域降水较常年同期偏多，其中辽宁北部、吉林、黑龙江偏多 2～5 成；预计气温接近常年同期。

3.4.3　2024 年电力需求预测

（一）全社会用电量

预计东北电网区域全社会用电量保持平稳增长，增速较 2022－2023 年年均增

---

[1]　东北电网区域经济预测中，蒙东纳入内蒙古自治区统一考虑。

速显著回升。综合考虑各类因素,预计2024年,东北电网区域全社会用电量约为0.59万亿kW·h,比上年增长5.7%,增速较2022—2023年年均增速上升2.1个百分点。其中,各省级电网用电量增速从高到低依次为蒙东、辽宁、吉林、黑龙江,增速分别为10.6%、5.5%、4.6%、3.7%,蒙东电网受重点行业用户增产影响,用电量实现两位数增长。2024年东北电网区域全社会用电量增速如图3-18所示。

图3-18 2024年东北电网区域全社会用电量增速

(二)最大负荷

预计东北电网区域最大负荷增速较上年有所回落。综合考虑各类因素,预计2024年,东北电网区域最大负荷0.9亿kW,比上年增长4.5%,增速较上年回落5.8个百分点。迎峰度夏、迎峰度冬期间东北电网区域最大负荷分别为0.8亿、0.9亿kW,同比分别增长9.4%、4.5%。

3.4.4 2024年电力供应预测

(一)2024年新投产装机

预计东北电网区域新投产风电装机比重超过70%。预计2024年东北电网区域新投产装机容量0.3亿kW,其中,风电、太阳能发电新投产装机容量占地区新投产装机容量的比重分别为71.0%、16.4%,合计达到87.4%;水电、火电新投产装机容量占地区全部新投产装机容量的比重分别为 3.7%、8.9%。2015—2024 年东北电网区域新投产发电装机情况如图 3 - 19 所示。

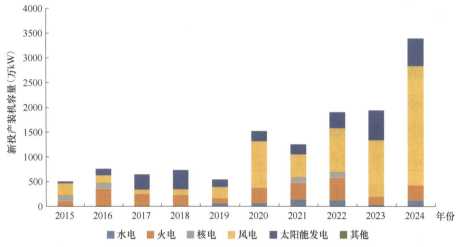

图 3 - 19　2015—2024 年东北电网区域新投产发电装机情况

（二）2024 年总装机规模

预计东北电网区域风电装机比重超过 1/3。预计到 2024 年底，东北电网区域发电装机容量将达到 2.4 亿 kW。其中，水电、火电、核电、风电、太阳能发电装机容量占总装机容量的比重分别为 5.7%、45.2%、2.8%、33.9%、12.4%。与上年相比，火电装机容量占比降至 50%以下，新能源装机容量占比反超火电，其中风电装机容量占比超过 1/3。截至 2024 年底东北电网区域装机结构如图 3 - 20 所示。

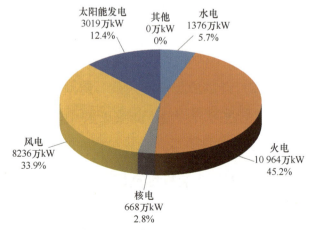

图 3 - 20　截至 2024 年底东北电网区域装机结构

3.4.5 2024 年电力供需形势预测

迎峰度夏、迎峰度冬电力供需均基本平衡。东北电网区域迎峰度夏最大负荷出现在 7、8 月午峰，迎峰度冬最大负荷通常出现在 12 月晚峰。**考虑检修容量、受阻容量、备用容量情况，并考虑已确定的中长期交易信息，预计东北电网区域迎峰度夏午峰电力供需平衡有余，晚峰电力供需基本平衡，部分用电高峰时段可能阶段性平衡偏紧，并影响外送电通道满送能力，迎峰度冬电力供需基本平衡。**

省级电网中，辽宁电网迎峰度夏、迎峰度冬电力供需均基本平衡；吉林电网迎峰度夏、迎峰度冬电力供需均平衡有余；黑龙江电网迎峰度夏午峰电力供需基本平衡，晚峰电力供需紧张，需通过省间互济支援消除电力缺口，迎峰度冬平衡偏紧；蒙东电网迎峰度夏午峰电力供需平衡有余，晚峰电力供需紧张，需通过省间互济支援消除电力缺口，迎峰度冬电力供应富余。

（本节撰写人：刘之琳、郑志海、李想、孙林海、王阳
审核人：吴姗姗、袁佳双）

3.5 西北电网区域[1]

3.5.1 2023 年经济与电力供需情况

（一）2023 年经济运行

经济增速高于全国平均水平，多数省份增速在 6% 以上。2023 年，陕西大力发展县域经济、民营经济、开放型经济、数字经济，经济结构持续优化，GDP 比上年增长 4.3%，增速低于全国平均水平 0.9 个百分点，但 2022—2023 年平均增速仍高于全国 0.3 个百分点；受投资较快增长、消费稳步恢复支撑，甘肃、青海、宁夏、新疆经济运行保持总体平稳、稳中有进态势，GDP 增速分别达到 6.4%、5.3%、6.6%、6.8%，均高于全国平均水平。全年西北电网区域 GDP 增速高于全

---

[1] 本节西北电网区域用电量统计范围仅包括国家电网公司经营区域口径，与 1.3.2 节不同。

国平均水平 0.3 个百分点。

（二）2023 年电力消费

1. 2023 年全社会用电量

全社会用电量增速领跑，第二产业是主要拉动力。2023 年，西北电网区域全社会用电量 9582 亿 kW·h，比上年增长 8.5%，增速高于全国平均水平 1.8 个百分点，为各区域最高。其中，三次产业和居民生活用电量增速分别为 1.9%、8.8%、11.3%、2.5%，第一产业、第三产业用电量增速分别低于全国平均水平 9.6、0.9 个百分点，第二产业、居民生活用电量增速分别高于全国平均水平 2.3、1.5 个百分点。三次产业和城乡居民生活用电量对全社会用电量增长的贡献率分别为 0.2%、78.9%、18.4%、2.4%，第二产业是拉动全社会用电量增长的主要动力，贡献率接近 80%。分省份来看，各省级电网用电量增速从高到低依次为宁夏、新疆、青海、甘肃、陕西，用电量增速分别为 11.0%、10.7%、10.4%、9.6%、3.3%。新疆是用电增长主要拉动省份，贡献率接近 40%。2023 年全国、西北电网区域分部门用电量增速及贡献率如图 3 - 21 所示。

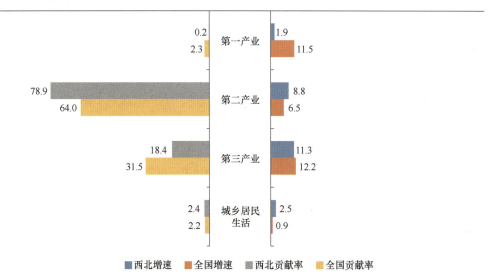

图 3 - 21　2023 年全国、西北电网区域分部门用电量增速及贡献率（单位：%）

2. 2023 年最大负荷及负荷特性

最大负荷两位数增长。2023 年，西北电网区域最大负荷为 1.4 亿 kW，比上年增长 12.6%，出现于度冬期间。受多轮寒潮天气影响，度冬西北电网区域最大负荷先后创下 21 次历史新高，甘肃、青海、宁夏、新疆四省份最大负荷累计 66 次刷新历史记录。2023 年，西北电网区域最大峰谷差为 2015 万 kW，比上年增长 7.5%。西北电网区域平均用电负荷率为 96.0%，比上年上升 1.0 个百分点。

（三）2023 年电力供应

电源装机快速增长，新能源装机占比为各区域最高。截至 2023 年底，西北电网区域装机容量 4.5 亿 kW，比上年增长 21.9%，增速为各区域最高。其中，水电、火电、核电、风电、太阳能发电装机容量占比分别为 8.2%、42.3%、0%、21.7%、27.8%，新能源装机容量占比达到 50.0%，为各区域最高。截至 2023 年底西北电网区域装机结构如图 3 - 22 所示。

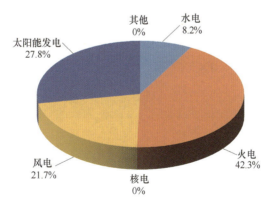

图 3 - 22　截至 2023 年底西北电网区域装机结构

（四）电力供需平衡情况

2023 年西北电网区域电力供需基本平衡。度夏期间，西北电网区域高温天气出现较往年滞后，光伏资源较上年偏好，全网度夏电力供应富余，直流外送电力 3 次创新高；度冬期间，西北电网区域共经历了 5 轮大范围极端寒潮过程，最大负荷增速为近五年来最高，在来水偏枯、极寒天气叠加新能源极小出力的不利条件下，通过采取省间现货、应急调度、节约用电及"两高"轮休等措施确保了电力可靠供应。

3.5.2 2024 年电力供需环境研判

（一）宏观经济

经济保持较快增长态势。陕西工业生产形势随内外部环境反弹，带动企业投资好转，总需求恢复向好带动经济增速反弹；甘肃经济延续良好增势，主要受重大基础设施项目建设、先进制造业产业集群发展支撑；青海新动能推动经济较快增长，对新能源产业和半导体产业发展起支撑作用；宁夏资源禀赋优势更加凸显，数字化产业和先进制造业集群较快增长；新疆工业生产与出口持续向好，"一带一路"倡议带来的贸易效应更显著。预计全年西北电网区域 GDP 延续较快增长态势。2023、2024 年西北电网区域经济增速如表 3 - 5 所示。

表 3 - 5　　　　　　　　　2023、2024 年西北电网区域经济增速

地区	2023 年增速	2024 年各省政府工作报告目标
西北	5.5%	—
陕西	4.3%	5.5%左右
甘肃	6.4%	6%左右
青海	5.3%	5%左右
宁夏	6.6%	6%左右
新疆	6.8%	6.5%左右

（二）气象情况

预计迎峰度夏期间，西北电网区域中，陕西、甘肃东部、宁夏等地降水较常年同期偏多，其中陕西南部偏多 2～5 成，其余地区降水接近常年同期或偏少，其中新疆北部偏少 2～5 成；预计气温较常年同期偏高，其中陕西北部、甘肃西部、青海西北部、宁夏北部、新疆等地偏高 1～2℃。

3.5.3　2024 年电力需求预测

（一）全社会用电量

预计西北电网区域全社会用电量延续较快增长态势。综合考虑各类因素，预计 2024 年，西北电网区域全社会用电量约为 1.03 万亿 kW·h，比上年增长 7.2%，增速较 2022—2023 年年均增速有所回落，但用电量仍延续较快增长态势。其中，各省级电网用电量增速从高到低依次为新疆、宁夏、陕西、甘肃、青海，增速分别为 8.5%、7.4%、6.7%、6.4%、5.5%。2024 年西北电网区域全社会用电量增速如图 3 - 23 所示。

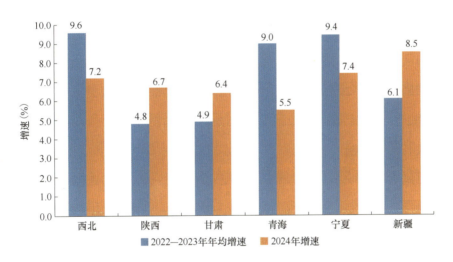

图 3 - 23　2024 年西北电网区域全社会用电量增速

（二）最大负荷

预计西北电网区域最大负荷保持较快增长。综合考虑各类因素，预计 2024 年，西北电网区域最大负荷 1.5 亿 kW，比上年增长 6.8%，仍延续较快增长态势。迎峰度夏、迎峰度冬期间西北电网区域最大负荷分别为 1.4 亿、1.5 亿 kW，同比分别增长 9.4%、6.8%。

3.5.4　2024 年电力供应预测

（一）2024 年新投产装机

预计西北电网区域新投产装机规模接近 1 亿 kW。预计 2024 年西北电网区域新投产装机容量 1.0 亿 kW，其中，受各省新能源装机大量投运影响，预计风电、太阳能发电新投产装机容量占地区新投产装机容量的比重分别为 20.0%、59.5%，合计新投产装机规模接近 8000 万 kW；水电、火电新投产装机容量分别占地区全部新投产装机容量的 6.3%、14.2%。2015－2024 年西北电网区域新投产发电装机情况如图 3 - 24 所示。

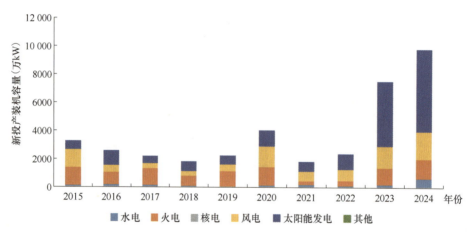

图 3 - 24　2015－2024 年西北电网区域新投产发电装机情况

（二）2024 年总装机规模

预计西北电网区域新能源装机规模超过 3 亿 kW，占比为各区域最高。预计到 2024 年底，西北电网区域发电装机容量将达到 5.5 亿 kW。其中，水电、火电、核电、风电、太阳能发电装机容量占总装机容量的比重分别为 7.8%、37.3%、0%、21.4%、33.5%。与上年相比，火电装机容量占比下降 5.0 个百分点，新能源装机容量占比上升 5.3 个百分点。截至 2024 年底西北电网区域装机结构如图 3 - 25 所示。

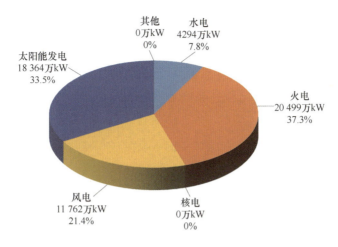

图 3 - 25　截至 2024 年底西北电网区域装机结构

3.5.5　2024 年电力供需形势预测

迎峰度夏电力供需平衡有余，迎峰度冬平衡偏紧。西北电网区域迎峰度夏、迎峰度冬最大负荷通常分别出现在 8 月、12 月晚峰。**考虑检修容量、受阻容量、备用容量情况，并考虑已确定的中长期交易信息，预计西北电网区域迎峰度夏电力供需平衡有余，迎峰度冬电力供需基本平衡，部分用电高峰时段电力供需平衡偏紧。**

省级电网中，陕西电网迎峰度夏电力供需基本平衡，迎峰度冬晚峰电力供需平衡偏紧；甘肃电网迎峰度夏电力供需平衡有余，迎峰度冬电力供需紧张，晚峰存在一定缺口；青海电网电力供应富余；宁夏电网迎峰度夏、迎峰度冬均电力供需平衡偏紧，部分用电高峰时段可能存在电力缺口；新疆电网迎峰度夏电力供需基本平衡，迎峰度冬电力供需紧张，部分用电高峰时段可能存在电力缺口。**通过加强省间互济支援，存在缺口的省份可基本实现电力供需平衡。**

（本节撰写人：冀星沛、郑志海、李想、孙林海、王阳

审核人：吴姗姗、袁佳双）

3.6 西南电网区域[①]

3.6.1 2023年经济与电力供需情况

（一）2023年经济运行

经济增速领跑各区域。2023年，西南电网区域年初用较短时间实现新冠疫情防控平稳转段，各项政策靠前协同发力，引导经济逐步摆脱新冠疫情影响、回归常态化增长轨道。四川打出提振发展信心"36条"、促进消费"22条"、进一步激发市场活力"19条"等政策"组合拳"；重庆将成渝地区双城经济圈建设作为"一号工程"和总抓手总牵引，重大项目有序推进，举办系列消费促进活动，推进西部陆海新通道建设，通道能级、开放水平实现新提升；西藏有序推进川藏铁路、G318提质改造等重点项目，提振消费专项行动效应凸显。全年西南电网区域GDP增速高于全国平均水平0.9个百分点，为各区域最高。

（二）2023年电力消费

1. 2023年全社会用电量

全社会用电量增速与全国平均水平持平，第二产业增速为各区域最高。2023年，西南电网区域全社会用电量5114亿kW·h，比上年增长6.7%，增速与全国平均水平基本持平。其中，三次产业和居民生活用电量增速分别为21.1%、8.9%、11.8%、−5.2%，第一、第二产业用电量增速分别高于全国平均水平9.6、2.4个百分点，第二产业增速为各区域最高，第三产业、居民生活用电量增速分别低于全国平均水平0.4、6.2个百分点。三次产业和城乡居民生活用电量对全社会用电量增长的贡献率分别为2.4%、77.7%、35.9%、−16.1%，第二产业是拉动全社会用电量增长的主要动力。分省份来看，各省级电网用电量增速从高到

[①] 本章西南电网区域用电量统计范围仅包括国家电网公司经营区域口径，与1.3.2节不同。

低依次为西藏、四川、重庆，用电量增速分别为 14.0%、7.7%、3.2%。四川是用电增长主要拉动省份，贡献率超过 80%。2023 年全国、西南电网区域分部门用电量增速及贡献率如图 3-26 所示。

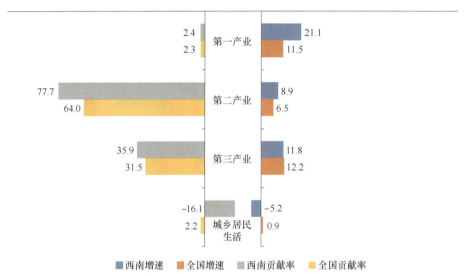

图 3-26　2023 年全国、西南电网区域分部门用电量增速及贡献率（单位：%）

2. 2023 年最大负荷及负荷特性

最大负荷与上年基本持平。2023 年，西南电网区域最大负荷为 0.9 亿 kW，比上年微增 0.1%。其中，度夏期间受上年高基数影响，最大负荷增速大幅回落，度冬期间受寒潮天气拉动，最大负荷高速增长。2023 年，西南电网区域最大峰谷差为 2946 万 kW，比上年增长 3.3%，近五年峰谷差年均增速约为 4.8%。西南电网区域平均用电负荷率为 86.1%，比上年下降 1.9 个百分点。

（三）2023 年电力供应

发电装机容量较快增长，水电装机容量占比超过 60%。截至 2023 年底，西南电网区域装机容量 1.7 亿 kW，比上年增长 6.6%。其中，水电、火电、核电、风电、太阳能发电装机容量占比分别为 65.9%、22.1%、0%、6.0%、6.0%，水电装机容量占比超过 60%，为各区域最高。截至 2023 年底西南电网区域装机结构如图 3-27 所示。

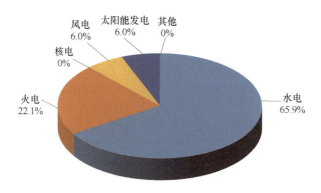

图 3 - 27 截至 2023 年底西南电网区域装机结构

（四）电力供需平衡情况

2023 年西南电网区域电力供需总体平衡。受局部电网网架薄弱、不利气象条件等影响，西藏昌都地区上半年采取了负荷管理措施。度夏期间，西南电网区域未出现上年同期极端高温天气，气象特征接近常年，得益于山彭、万盘、长万等主网"卡脖子"问题有效消除，主网断面、主变压器重满载情况有所降低，电力供应平稳有序。度冬期间，最大负荷快速增长，通过强化机组和电网运行管理、开展跨省跨区互济等措施，西南电网区域电力供需基本平衡，仅西藏因网架约束存在少量局部卡口。

3.6.2 2024 年电力供需环境研判

（一）宏观经济

经济增速与上年基本持平。四川推动成渝地区双城经济圈建设走深走实，牵引和带动区域协调发展，深入推进新型工业化，大力推动传统产业转型升级，前瞻布局和培育发展新兴产业、未来产业；重庆纵深推进成渝地区双城经济圈建设，实施重点产业链高质量发展行动和招大引强行动，深化服务业扩大开放综合试点，多措并举稳投资促消费，高水平建设西部陆海新通道，打造内陆开放高地；西藏延续稳投资扩消费政策，加快推进重大项目建设，主动承接援藏省市产业转移，积极融入成渝地区双城经济圈。预计全年西南电网区域 GDP 增速与上年基本持平。2023、2024 年西南电网区域经济增速如表 3 - 6 所示。

表 3 - 6 　　　　　　　　2023、2024 年西南电网区域经济增速

地区	2023 年增速	2024 年各省政府工作报告目标
西南	6.1%	—
四川	6.0%	6%左右
重庆	6.1%	6%左右
西藏	9.5%	8%左右

（二）气象情况

预计迎峰度夏期间，四川东部、重庆、西藏西部等地降水较常年同期偏多，其中四川东部、重庆偏多 2～5 成，其余地区降水接近常年同期；嘉陵江、岷江降水较常年同期偏多 2～5 成，其余流域降水接近常年同期；预计气温较常年同期偏高 0.5～1℃。

3.6.3　2024 年电力需求预测

（一）全社会用电量

预计全社会用电量增速稳中有升。综合考虑各类因素，预计 2024 年，西南电网区域全社会用电量约为 0.55 万亿 kW·h，比上年增长 7.3%，增速较上年上升 0.6 个百分点，较 2022－2023 年年均增速上升 1.2 个百分点。其中，各省级电网用电量增速从高到低依次为西藏、重庆、四川，增速分别为 11.3%、7.4%、7.1%。2024 年西南电网区域全社会用电量增速如图 3 - 28 所示。

（二）最大负荷

预计西南电网区域最大负荷两位数增长。综合考虑各类因素，预计 2024 年，西南电网区域最大负荷 1.0 亿 kW，比上年增长 12.9%，增速较上年显著回升。迎峰度夏、迎峰度冬期间西南电网区域最大负荷分别为 1.0 亿、0.8 亿 kW，同比分别增长 12.9%、4.3%。

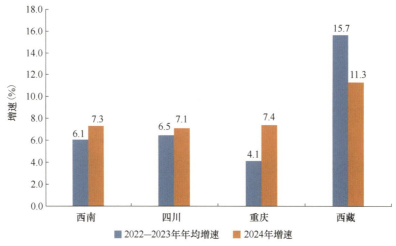

图 3 - 28　2024 年西南电网区域全社会用电量增速

3.6.4　2024 年电力供应预测

（一）2024 年新投产装机

预计西南电网区域新投产新能源装机首度突破 1000 万 kW。预计 2024 年西南电网区域新投产装机容量 0.2 亿 kW，其中，水电、火电新投产装机容量占地区新投产装机容量的比重分别为 18.1%、19.1%；太阳能发电、风电新投产装机容量占地区新投产装机容量的比重分别为 50.6%、12.2%。2015－2024 年西南电网区域新投产发电装机情况如图 3 - 29 所示。

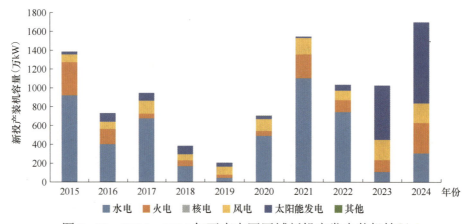

图 3 - 29　2015－2024 年西南电网区域新投产发电装机情况

（二）2024 年总装机规模

预计西南电网区域新能源装机容量突破 3000 万 kW。预计到 2024 年底，西南电网区域发电装机容量将达到 1.8 亿 kW。其中，水电、火电、核电、风电、太阳能发电装机容量占总装机容量的比重分别为 61.4%、21.8%、0%、6.6%、10.2%。与上年相比，新能源装机容量占比上升 4.7 个百分点，装机规模突破 3000 万 kW。截至 2024 年底西南电网区域装机结构如图 3-30 所示。

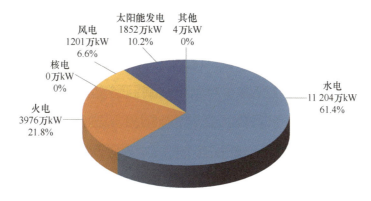

图 3-30　截至 2024 年底西南电网区域装机结构

3.6.5　2024 年电力供需形势预测

迎峰度夏电力供需紧张，迎峰度冬电力供需平衡偏紧。西南电网区域迎峰度夏最大负荷通常出现在 8 月，午峰、晚峰基本持平，迎峰度冬最大负荷通常出现在 12 月午峰。**考虑检修容量、受阻容量、备用容量情况，并考虑已确定的中长期交易信息，预计西南电网区域迎峰度夏电力供需紧张，午晚峰均存在电力缺口，迎峰度冬电力供需平衡偏紧，午晚峰均存在少量电力缺口。**

省级电网中，四川电网迎峰度夏午峰电力供需平衡偏紧，晚峰电力供需紧张，存在电力缺口，迎峰度冬午晚峰均电力供需紧张，存在电力缺口；重庆电网迎峰度夏午晚峰电力供需紧张，存在电力缺口，迎峰度冬电力供需基本平衡；西藏电网迎峰度夏电力供需基本平衡，迎峰度冬电力供需平衡偏紧。**在采取提**

升区外来电受入水平、增加跨省跨区交易等措施之后，西南电网区域电力缺口可得到一定缓解。

（本节撰写人：刘青、郑志海、李想、孙林海、王阳

审核人：吴姗姗、袁佳双）

3.7 南方电网区域

3.7.1 2023年经济与电力供需情况

（一）2023年经济运行

经济在攻坚克难中回升向好。2023年，南方电网区域各省充分发挥本地优势，促进经济快速恢复。广东作为全国首个突破13万亿元的省份，深入实施"制造业当家"战略、全面推进海洋强省建设，继续在整个南方电网区域的经济中勇挑大梁；广西实施"约惠广西－2023消费提振年"行动，开展"33消费节"等促销活动，全力以赴恢复和扩大消费；云南加快转型升级，传统产业、战略性新兴产业"双轮驱动"工业发展，产业投资拉动效应明显提升；贵州主抓"六大产业基地"，实施"富矿精开"，建设"电动贵州"；海南通过"政策+行动"双轮驱动、"扩需求+强主体"双向发力，经济恢复提质加速。全年南方电网区域GDP增速略低于全国平均水平0.4个百分点，但较2022年提升了2.5个百分点。

（二）2023年电力消费

全社会用电量增速显著反弹。2023年，南方电网区域全社会用电量15 730亿kW·h，比上年增长7.5%，增速高于全国平均水平0.8个百分点，较上年大幅上升5.8个百分点，经济回升向好拉动用电增速显著反弹。分省份来看，各省级电网用电量增速从高到低依次为海南、广西、广东、云南、贵州，用电量增速分别为16.1%、10.5%、8.0%、5.2%、2.2%。广东是用电增长主要拉动省份，贡献率接近60%。

3.7.2 2024年电力供需环境研判

（一）宏观经济

经济增长有望快于上年。广东着力加快粤港澳大湾区建设，全年安排省重点建设项目 1508 个、年度计划投资 1 万亿元，更好发挥有效投资的关键作用；广西深入推进制造业高质量发展，实施"双百双新"项目 500 个以上、"千企技改"项目 1000 个以上；云南大力发展"绿电＋先进制造业"，重点在绿色铝、硅光伏、电池产业等方面发力，加快建设制造强省；贵州着力打造全国算力高地，抓住人工智能重大机遇，推动数字经济占比达到 45%以上、规模突破万亿元；海南依托自贸港定位，重点通过营商环境整体提升、促进国际旅游消费提档升级。预计全年南方电网区域经济增速将有所加快。2023、2024 年南方电网区域经济增速如表 3 - 7 所示。

表 3 - 7 2023、2024 年南方电网区域经济增速

地区	2023 年增速	2024 年各省政府工作报告目标
南方	4.8%	—
广东	5.1%	5%
广西	3.4%	5%以上
云南	3.7%	5%左右
贵州	3.7%	5.5%左右
海南	10.8%	8%左右

（二）气象情况

预计迎峰度夏期间，除贵州北部降水较常年同期偏多外，南方区域降水接近常年同期或偏少，其中广东南部、广西南部、海南偏少 2～5 成。预计夏季贵州北部气温偏高 0.5～1℃，南方区域其余地区气温较常年同期偏高 1～2℃。

3.7.3　2024 年电力需求预测

预计全社会用电量较快增长。综合考虑各类因素，预计 2024 年，南方电网区域全社会用电量约为 1.68 万亿 kW·h，比上年增长 6.7%，增速较上年回落 0.8 个百分点，较 2022－2023 年年均增速上升 2.2 个百分点，用电量延续较快增长态势。其中，各省级电网用电量增速从高到低依次为海南、广西、云南、广东、贵州，增速分别为 8.5%、8.4%、6.9%、6.4%、5.0%。2024 年南方电网区域全社会用电量增速如图 3－31 所示。

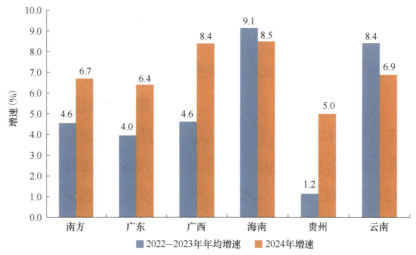

图 3－31　2024 年南方电网区域全社会用电量增速

3.7.4　2024 年电力供应预测

（一）2024 年新投产装机

预计南方电网区域新投产太阳能发电装机比重超过 50%。预计 2024 年南方电网区域太阳能发电和风电新投产装机容量占地区新投产装机容量的比重分别为 50.5%、19.7%；水电、核电、火电新投产装机容量占地区全部新投产装机容量的 0.0%、1.9%、27.9%。2015－2024 年南方电网区域新投产发电装机情况如图 3－32 所示。

图 3 - 32　2015－2024 年南方电网区域新投产发电装机情况

（二）2024 年总装机规模

预计南方电网区域新能源装机占比将超过 30%。预计 2024 年南方电网区域发电装机容量将达到 5.6 亿 kW。其中，水电装机容量 1.4 亿 kW，占总装机容量的 25.6%；火电装机容量 2.2 亿 kW，占总装机容量的 39.7%；核电装机容量 2198 万 kW，占总装机容量的 3.9%；风电装机容量 0.6 亿 kW，占总装机容量的 11.3%；太阳能发电装机容量达到 1.1 亿 kW，占总装机容量的 19.5%。截至 2024 年底南方电网区域装机结构如图 3 - 33 所示。

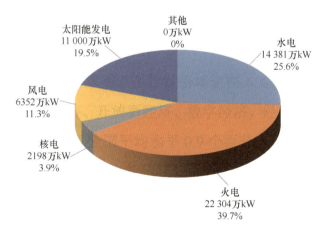

图 3 - 33　截至 2024 年底南方电网区域装机结构

3.7.5　2024 年电力供需形势预测

迎峰度夏电力供需紧张，迎峰度冬电力供需平衡偏紧。其中，**广西电网**电力供需平衡有余；**广东、云南、贵州、海南电网**用电高峰时段存在不同程度缺口，其中云南电网为电力电量双缺。

（本节撰写人：汲国强、冀星沛、郑志海、李想、孙林海、王阳

审核人：谭显东、袁佳双）

4

专题篇

4.1 外贸结构升级对经济和用电影响分析

近年来，国际秩序进入动荡变革调整期，外部环境的复杂性、严峻性、不确定性上升，全球供应链呈现"短链化"和"区域化"特征。在此背景下，我国对外贸易整体保持低速增长。分国别看，受到发达国家"友岸外包""近岸外包"政策影响，我国对欧美贸易下降，对"一带一路"共建国家贸易上升。分产品看，我国对外贸易结构持续优化，以"新三样"为代表的高附加值、高技术产品出口成为中国外贸的新增长点。本节分析外贸结构升级对我国产业结构和电力需求产生的影响。

4.1.1 对外贸易发展现状

全球贸易低迷背景下，我国出口整体偏弱，但出口份额整体保持稳定。2023年我国出口 23.77 万亿元，比上年微增 0.6%，增速较 2022 年下降 9.7 个百分点，较新冠疫情前 2019 年下降 4.4 个百分点，货物和服务净出口拉低我国 2023年 GDP 增速 0.6 个百分点左右。我国出口增速降幅较大主要受以下因素影响：一是世界经济复苏乏力，全球贸易整体表现比较低迷；二是海外多国政策利率偏高，多数海外经济体尚未进入降息周期，制造业景气度下滑；三是全球通胀回落，全球制成品出口价格下行压力较大。2023 年我国出口份额约为14.0%，较 2022 年略降 0.2 个百分点，较新冠疫情前 2019 年提升 0.9 个百分点，我国出口占全球贸易比重仍保持韧性。2000 年以来我国与全球出口增速及占比如图 4-1 所示。

我国出口国家多元化趋势明显提升，对美欧日出口减少，对新兴市场国家出口增长，东盟成为我国第一大贸易伙伴。2023 年，我国对主要发达国家和地区的出口比上年减少，其中，对美国、欧盟、日本的出口增速分别为-8.1%、-5.3%、-3.5%。我国对主要新兴市场国家和地区的出口比上年增长，其中，

图 4-1   2000 年以来我国与全球出口增速及占比
数据来源：海关总署、世界贸易组织（WTO）。2023 年全球贸易增速
及中国出口金额占全球份额为 WTO 预测值。

对俄罗斯、印度、南非的出口增长较快，增速分别为 53.9%、6.5%、4.4%。随着区域间产业链融合的趋势进一步强化，我国对东盟的出口份额整体呈上升态势，2023 年我国对东盟的出口份额达到 15.5%，东盟成为我国第一大贸易伙伴。我国对主要贸易伙伴出口占比、出口增速变化情况分别如图 4-2、图 4-3 所示。

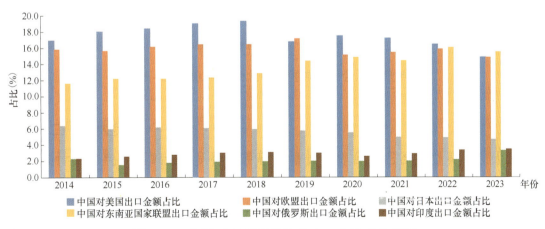

图 4-2   我国对主要贸易伙伴出口占比变化情况

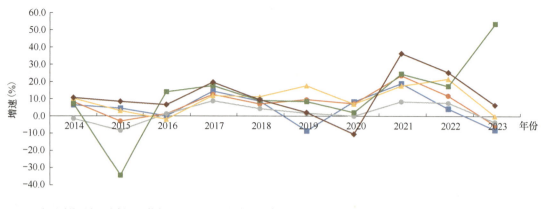

图 4 - 3　我国对主要贸易伙伴出口增速变化情况

汽车、船舶等交运设备是出口的重要支撑，新能源相关产品出口快速增长；电脑、集成电路等机电产品出口下降。 2023 年，汽车、船舶出口分别比上年增长 69%、28.6%，分别拉动出口 1.2、0.2 个百分点；电动载人汽车、锂离子蓄电池、太阳能电池等"新三样"产品合计出口 1.06 万亿元，首次突破万亿元大关，比上年增长 29.9%，对出口总额的拉动率为 1.0 个百分点；机电产品出口比上年减少 2.4%，其中电脑、集成电路、其他机电产品出口增速分别为–20.4%、–10.1%、–4.4%，分别拖累出口 1.3、0.5、1.3 个百分点。

4.1.2　"新三样"视角下的外贸结构升级趋势

我国汽车尤其是新能源汽车领域国际竞争力提升，出口呈现"量价齐升"态势。 2020－2023 年，我国汽车出口量从 100 万辆增至 522 万辆，超过日本跃居世界第一。2023 年汽车出口量比上年增长 56%。其中，电动汽车出口 177 万辆（占我国汽车出口数量的 1/3），电动车出口量增速达到 67.1%。我国在汽车尤其是新能源汽车领域的竞争力明显提升。从出口国别来看，我国汽车出口主要以新兴市场国家为主，新能源汽车的出口较依赖减排动力大而新能源汽车渗透率未达预期的欧洲市场，但欧盟、美国等陆续针对电动汽车推出了一系列贸易保护措施，将对我国新能源汽车出口产生负面影响。

新能源产业链出口高速增长，但锂电池、光伏呈现"量增价跌"态势。 受新能源汽车快速发展带动，作为动力基础的锂电池出口高速增长，2023年我国锂电池出口总额达到 4574 亿元，比上年增长 33%。我国锂电池出口量超过150GW·h，比上年增长 60%。随着我国光伏产业技术加快迭代升级，行业应用加快融合创新，产业规模实现进一步增长，2023年我国硅片、晶硅电池、晶硅组件产品出口量比上年分别增长 93.6%、65.5%、37.9%。从出口目的地看，我国锂电池、光伏产品的出口较依赖减排动力大的欧洲市场，锂电池对欧盟出口额占比超 40%，但欧盟、美国、印度等均加速推行新能源产业本土化策略，针对锂电池、光伏等产品展开限制措施将对我国锂电池和光伏产品出口产生负面影响。

4.1.3 外贸结构升级对经济的影响

以"新三样"为代表，采用投入产出模型，基于 2020 年非竞争型 42 部门投入产出表❶，测算外贸结构升级对我国经济和用电的影响。新能源汽车、光伏、锂离子蓄电池分别属于 42 部门中的交通运输设备、电气机械和器材行业，本节分别测算交通运输设备、电气机械和器材行业出口增加对于我国增加值及细分行业增加值的拉动作用。

分别计算交通运输设备、电气机械和器材行业的完全增加值系数，进而得到交通运输设备、电气机械和器材行业出口增加 1 单位对国内增加值的影响分别为 0.81、0.79，交通运输设备、电气机械和器材行业出口增加 1 单位对细分行业增加值的影响如表 4-1 所示。

---

❶ 2022 年 8 月国家统计局发布，相对于竞争型投入产出表，非竞争型投入产出表将中间投入部分剖分为国内品中间投入和输入品中间投入，体现了中间需求和最终需求对本系统产品和外部输入品消耗的不完全替代性。

表 4 - 1　　　　　　交通运输设备、电气机械和器材行业出口
增加 1 单位对细分行业增加值的影响

序号	宏观经济 42 行业分类	交通运输设备	电气机械和器材
1	农林牧渔产品和服务	0.0180	0.0195
2	煤炭采选产品	0.0103	0.0151
3	石油和天然气开采产品	0.0057	0.0067
4	金属矿采选产品	0.0099	0.0176
5	非金属矿和其他矿采选产品	0.0024	0.0035
6	食品和烟草	0.0073	0.0086
7	纺织品	0.0026	0.0021
8	纺织服装鞋帽皮革羽绒及其制品	0.0035	0.0021
9	木材加工品和家具	0.0037	0.0014
10	造纸印刷和文教体育用品	0.0050	0.0067
11	石油、炼焦产品和核燃料加工品	0.0077	0.0099
12	化学产品	0.0307	0.0399
13	非金属矿物制品	0.0096	0.0162
14	金属冶炼和压延加工品	0.0469	0.0843
15	金属制品	0.0128	0.0161
16	通用设备	0.0156	0.0144
17	专用设备	0.0040	0.0044
18	交通运输设备	0.2905	0.0045
19	电气机械和器材	0.0115	0.2081
20	通信设备、计算机和其他电子设备	0.0087	0.0138
21	仪器仪表	0.0023	0.0027
22	其他制造产品和废品废料	0.0108	0.0169
23	金属制品、机械和设备修理服务	0.0004	0.0004
24	电力、热力的生产和供应	0.0193	0.0259
25	燃气生产和供应	0.0008	0.0009
26	水的生产和供应	0.0007	0.0008
27	建筑	0.0005	0.0005
28	批发和零售	0.0985	0.0822
29	交通运输、仓储和邮政	0.0397	0.0374
30	住宿和餐饮	0.0061	0.0063
31	信息传输、软件和信息技术服务	0.0105	0.0119

序号	宏观经济 42 行业分类	交通运输设备	电气机械和器材
32	金融	0.0424	0.0494
33	房地产	0.0201	0.0187
34	租赁和商务服务	0.0267	0.0238
35	研究和试验发展	0.0000	0.0000
36	综合技术服务	0.0090	0.0056
37	水利、环境和公共设施管理	0.0010	0.0011
38	居民服务、修理和其他服务	0.0071	0.0060
39	教育	0.0006	0.0006
40	卫生和社会工作	0.0004	0.0005
41	文化、体育和娱乐	0.0026	0.0021
42	公共管理、社会保障和社会组织	0.0006	0.0005
	合计	0.81	0.79

从细分行业看，交通运输设备制造业出口拉动行业增加值排名前十的行业分别为交通运输设备、批发零售、金属冶炼和压延加工、金融、交通运输和仓储邮政、化学产品、租赁和商务服务、房地产、电力热力的生产和供应、农林牧渔产品和服务。电气机械和器材制造业出口拉动行业增加值排名前十的行业分别为电气机械和器材、金属冶炼和压延加工、批发和零售、金融、化学产品、交通运输和仓储邮政、电力热力的生产和供应、租赁和商务服务、农林牧渔产品和服务、房地产。

结果显示，**"新三样"出口不仅对于本行业有较强的拉动作用，对于上游的金属冶炼和压延加工、化学产品也有较强的拉动作用，此外对于批发零售、金融、租赁和商务服务等服务行业也存在较强的拉动作用**。

4.1.4 外贸结构升级对用电的影响

基于上节关于交通运输设备、电气机械和器材行业出口增加对于细分行业增加值的拉动效应测算，以及各细分行业增加值电耗，可以计算得到交通运输设备、电气机械和器材行业出口增加对于用电量的拉动效应。结果显示，每增加 1 万元交通运输设备、电气机械和器材出口分别拉动用电量 716、1010kW·h，预计 2024 年"新三样"出口将拉动用电量 1097 亿 kW·h。交通运输设备、电气机械和器材行业出口增加对于细分行业用电量的拉动效应如表 4-2 所示。

表 4-2　交通运输设备、电气机械和器材行业出口增加对细分行业用电量的影响

序号	宏观经济 42 行业分类	2023 年单位增加值电耗（kW·h/万元，增加值为 2020 年可比价）	交通运输设备单位出口拉动电量（kW·h/万元）	电气机械和器材单位出口拉动电量（kW·h/万元）
1	农林牧渔产品和服务	213	3.8	4.1
2	煤炭采选产品	754	7.7	11.4
3	石油和天然气开采产品	828	4.7	5.5
4	金属矿采选产品	1209	11.9	21.2
5	非金属矿和其他矿采选产品	581	1.4	2.1
6	食品和烟草	435	3.2	3.7
7	纺织品	2623	6.8	5.4
8	纺织服装鞋帽皮革羽绒及其制品	824	2.9	1.8
9	木材加工品和家具	1036	3.9	1.5
10	造纸印刷和文教体育用品	1122	5.6	7.6
11	石油、炼焦产品和核燃料加工品	1819	14.0	17.9
12	化学产品	1906	58.4	76.0
13	非金属矿物制品	1730	16.6	28.0
14	金属冶炼和压延加工品	4477	209.8	377.5
15	金属制品	1574	20.2	25.4
16	通用设备	822	12.8	11.9
17	专用设备	371	1.5	1.6
18	交通运输设备	505	146.6	2.3
19	电气机械和器材	969	11.1	201.6
20	通信设备、计算机和其他电子设备	1169	10.2	16.1
21	仪器仪表	276	0.6	0.8
22	其他制造产品和废品废料	634	6.9	10.7
23	金属制品、机械和设备修理服务	1443	0.6	0.5
24	电力、热力的生产和供应	4205	81.2	108.9

续表

序号	宏观经济 42 行业分类	2023 年单位增加值电耗（kW·h/万元，增加值为2020 年可比价）	交通运输设备单位出口拉动电量（kW·h/万元）	电气机械和器材单位出口拉动电量（kW·h/万元）
25	燃气生产和供应	824	0.7	0.7
26	水的生产和供应	3649	2.4	3.1
27	建筑	131	0.1	0.1
28	批发和零售	315	31.0	25.8
29	交通运输、仓储和邮政	408	16.2	15.3
30	住宿和餐饮	597	3.6	3.8
31	信息传输、软件和信息技术服务	223	2.3	2.6
32	金融	22	0.9	1.1
33	房地产	242	4.8	4.5
34	租赁和商务服务	215	5.7	5.1
35	研究和试验发展	256	0.0	0.0
36	综合技术服务	256	2.3	1.4
37	水利、环境和公共设施管理	256	0.3	0.3
38	居民服务、修理和其他服务	256	1.8	1.5
39	教育	256	0.2	0.2
40	卫生和社会工作	256	0.1	0.1
41	文化、体育和娱乐	256	0.7	0.5
42	公共管理、社会保障和社会组织	256	0.1	0.1
	合计		715.7	1009.7

注　序号 35～42 行业 2023 年的产值单耗采用第三产业的产值单耗替代。

从细分行业看，交通运输设备制造业出口拉动行业用电量增长排名前十的行业分别为金属冶炼和压延加工、交通运输设备、电力热力的生产和供应、化学产品、批发和零售、金属制品、非金属矿制品、交通运输仓储和邮政、石油炼焦产品和核燃料加工品、通用设备。电气机械和器材制造业出口拉动行业用电量增长排名前十的行业分别为金属冶炼和压延加工、电气机械和器材、电力热力的生产和供应、化学产品、非金属矿制品、批发和零售、金属制品、金属矿采选产品、石油炼焦产品和核燃料加工品、通信设备/计算机和其他电子设备。

分析结果显示,"新三样"出口对电量的影响主要体现在拉动本行业及上游的金属冶炼和压延加工、化学产品、非金属矿制品、金属矿采选产品、石油炼焦产品和核燃料加工品等行业用电量,此外,对下游服务业如交通运输仓储和邮政、批发和零售用电量也有较强拉动作用。

4.1.5 我国外贸发展趋势展望

2024 年全球贸易增速有望实现触底回升,我国出口有望实现小幅正增长,但出口份额将缓慢下降。2024 年全球 GDP 增速或将继续放缓,但在美国补库与全球制造业触底回升的共同拉动下,全球贸易增速有望触底回升。预计 2024 年我国出口有望实现小幅正增长。受产业升级带来的出口结构转变影响,预计 2024 年我国出口份额将延续缓慢下降态势,同时,地缘政治和美欧加征关税将给我国出口带来一定下行风险。

我国出口目的地延续多元化趋势,我国对新兴市场和发展中经济体出口将保持较快增长。我国对欧美日等传统发达市场的出口份额预计将继续下降。在全球供应链重构的背景下,我国积极探索新的出口市场,"一带一路"倡议和中国—东盟自由贸易协定等政策促进了与新兴市场国家的贸易往来,预计未来中国对东盟、俄罗斯、拉丁美洲、非洲和中东等地区的出口将保持较快增长。

以"新三样"为代表的高技术产品出口量仍将保持较快增长。从主要出口商品看,机电产品和高新技术产品仍为我国最重要的两类商品。产业升级推动中国行业出口优势发生变化,高附加值行业逐渐成为出口的重要构成,我国出口优势进一步向中游设备和原材料制造业延伸,而下游劳动密集型行业出口优势持续下降。预计电动载人汽车、锂离子蓄电池、太阳能电池等"新三样"产品的出口将继续成为未来一段时期我国出口亮点,并持续支撑相关制造业用电量稳定增长。

(本节撰写人:张莉莉　审核人:吴姗姗)

4.2　分时电价调整对用电影响分析

　　2022 年底到 2023 年迎峰度夏前，河北南、河南、江西、湖北、福建、宁夏、山东、上海、四川、江苏、安徽等省级电网相继调整了分时电价政策。本节将分析本轮分时电价调整对 2023 年度夏期间电网峰谷差影响以及削减 2023 年度夏最大负荷效果，并基于分时电价政策不变情境以及进一步优化分时电价情境测算了 2024 年迎峰度夏期间转移高峰负荷效果。

4.2.1　分时电价调整情况

　　大工业和一般工商业分时电价峰谷电价比进一步拉大，农业和居民分时电价调整不大。2023 年迎峰度夏前，上述 11 个省级电网全部调整了大工业分时电价，平均峰谷电价比从 3.18 提高到 3.64，提升了 14.5%。除江苏外，其余 10 个省级电网调整了一般工商业分时电价，平均峰谷电价比从 3.13 提高到 3.54，提升了 13.1%。福建、宁夏调整了农业分时电价，福建峰段电价降低 0.013 元，宁夏调整了峰谷平时段划分，但未改变峰谷平段时长。山东、四川调整了居民分时电价，山东峰谷电价比从 1.69 降低到 1.68，四川将 11:00－12:00 与 14:00－15:00 峰平段对调。2022 年迎峰度夏结束至 2023 年迎峰度夏前分时电价调整情况如图 4 - 4、表 4 - 3、表 4 - 4 所示。

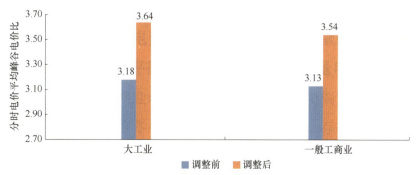

图 4 - 4　2022 年迎峰度夏结束至 2023 年迎峰度夏前分时电价调整情况

表 4 - 3   **大工业分时电价调整情况**

地区	调整时间	大工业分时电价							
		调整前电价［元/（kW·h）］				调整后电价［元/（kW·h）］			
		谷段	平段	峰段	尖峰	谷段	平段	峰段	尖峰
河北南	2022-12-01	0.4221	0.6407	0.8593	0.9904	0.3790	0.6851	0.9911	1.1398
山东	2023-01-01	0.2817	0.7043	0.8406	1.0086	0.1888	0.6628	1.1746	1.4506
上海	2023-07-01	0.2549	0.7866	1.1683	1.1683	0.3352	0.7944	1.4066	1.751
江苏	2023-07-01	0.2707	0.6443	1.1152	1.3434	0.2685	0.6369	1.1077	1.3296
安徽	2023-07-01	0.3069	0.6621	1.0909	1.1629	0.3069	0.6621	1.0909	1.1629
福建	2023-01-01	0.2297	0.4593	0.6890	—	0.1837	0.4593	0.7349	0.8267
湖北	2022-12-20	0.3108	0.6476	0.9649	1.1657	0.2914	0.6476	0.9649	1.2952
河南	2022-12-01	0.3704	0.7118	1.1011	—	0.3655	0.6948	1.1359	1.2962
江西	2022-12-01	0.1215	0.1735	0.2256	0.2256	0.0868	0.1735	0.2603	0.3123
四川	2023-06-01	0.0556	0.139	0.2224	0.2669	0.0556	0.139	0.2224	0.2669
宁夏	2023-01-01	0.2236	0.4259	0.6282	—	0.2946	0.4081	0.5664	—

注   电价采用 1～10kV 档电价为代表。

表 4 - 4   **一般工商业分时电价调整情况**

地区	调整时间	一般工商业分时电价							
		调整前电价［元/（kW·h）］				调整后电价［元/（kW·h）］			
		谷段	平段	峰段	尖峰	谷段	平段	峰段	尖峰
河北南	2022-12-01	0.4186	0.6372	0.8558	0.9869	0.4007	0.7068	1.0128	1.1615
山东	2023-01-01	0.2826	0.7681	0.8472	1.0165	0.1511	0.8182	0.8712	1.0333
上海	2023-07-01	0.2395	0.6375	1.0318	1.0318	0.3045	0.7177	1.2685	1.5784
江苏	2023-07-01	0.3286	0.7309	1.2073	—	0.3286	0.7309	1.2073	—
安徽	2023-07-01	0.3228	0.7007	1.157	1.229	0.3228	0.7007	1.157	1.229
福建	2023-01-01	0.2297	0.4593	0.6890	—	0.1837	0.4593	0.7349	0.8267
湖北	2022-12-20	0.3416	0.7116	1.0603	1.2809	0.3202	0.7116	1.0603	1.4232
河南	2022-12-01	0.3603	0.6917	1.0696	—	0.3655	0.6948	1.1359	1.2962
江西	2022-12-01	0.1159	0.1656	0.2153	0.2153	0.0828	0.1656	0.2484	0.2981
四川	2023-06-01	0.0918	0.2296	0.3674	—	0.0918	0.2296	0.3674	—
宁夏	2023-01-01	0.2630	0.5047	0.7464	—	0.3734	0.4869	0.6452	—

注   电价采用 1～10kV 档电价为代表。

4.2.2　测算方法

为充分剔除新冠疫情、气温、生产周期、用户增长等因素对分析结果的影响，抽取分析月与上年同期月固定档案 133 个行业用户日 24 点负荷数据进行测算。

1）为避免日数据偶然性，利用省级电网 133 个行业日 24 点负荷数据计算月平均 24 点负荷数据作为分析基础。

2）为充分反映分时电价调整效果，选取分时电价调整前后数个月数据进行分析，计算后取均值作为计算结果。

3）为减少气温对负荷的影响，选取分时电价调整前后同期月份进行对比研究。

4）为避免用户变化的影响，对照营销用户档案抽取同一批用户负荷数据进行对比分析。

5）为简化分析过程，各类电价统一采用 1～10kV 档电价为代表。

为了表征负荷曲线削峰填谷变化情况，基于峰谷负荷的基本属性，结合生产经验和大量数据分析研究，选取峰谷差率减小率、峰段电量转移率、谷段电量填充率、峰谷电量转移率作为关键负荷指标，反映分时电价调整对用电影响。

（1）峰谷差率减小率 Y_1。

月度峰谷差率为月平均 24 点负荷曲线的最大负荷与最小负荷之差与最大负荷的比值，可表示为

$$C = \frac{L_{max} - L_{min}}{L_{max}} \qquad (4-1)$$

式中：L_{max} 和 L_{min} 分别为月平均 24 点负荷曲线的最大负荷和最小负荷。

峰谷差率减小率 Y_1 为

$$Y_1 = C_{A\text{-adj}} - C_{B\text{-adj}} \qquad (4-2)$$

式中：$C_{A\text{-adj}}$ 为分时电价调整后月度峰谷差率；$C_{B\text{-adj}}$ 为分时电价调整前上年同期

月度峰谷差率，峰谷差率减小率单位为百分点。

峰谷差率减小率为负数，表明峰谷差下降，调整分时电价起到了削峰填谷作用；峰谷差率减小率为正数，表明峰谷差上升，调整分时电价削峰填谷作用不显著。

（2）峰段电量转移率 Y_2。

峰段（尖峰）电量占比 F 为

$$F = \frac{L_f}{L_a} \tag{4-3}$$

式中：L_f、L_a 分别为月平均 24 点负荷曲线高峰（尖峰）时段负荷积分和全天负荷积分。

峰段电量转移率 Y_2 为

$$Y_2 = F_{A\text{-adj}} - F_{B\text{-adj}} \tag{4-4}$$

式中：$F_{A\text{-adj}}$ 为分时电价调整后月峰段（尖峰）电量占比；$F_{B\text{-adj}}$ 为分时电价调整前上年同期月度峰段（尖峰）电量占比，峰段电量转移率单位为百分点。

峰段电量转移率为负数，表明峰段（尖峰）电量占比下降，调整分时电价起到了削峰作用；峰段电量转移率为正数，表明峰段（尖峰）电量占比上升，调整分时电价削峰作用不显著。

（3）谷段电量填充率 Y_3。

谷段电量占比 G 为

$$G = \frac{L_g}{L_a} \tag{4-5}$$

式中：L_g 为负荷曲线低谷时段负荷积分。

谷段电量填充率 Y_3 为

$$Y_3 = G_{A\text{-adj}} - G_{B\text{-adj}} \tag{4-6}$$

式中：$G_{A\text{-adj}}$ 为分时电价调整后月谷段负荷占比；$G_{B\text{-adj}}$ 为分时电价调整前上年同期月度谷段电量占比，谷段电量填充率单位为百分点。

谷段电量填充率为正数，表明谷段电量占比上升，调整分时电价起到了填谷作用；谷段电量填充率为负数，表明谷段电量占比下降，调整分时电价填谷作用不显著。

（4）峰谷电量转移率 Y_4。

峰谷电量转移率 Y_4 为

$$Y_4 = Y_3 - Y_2 \tag{4-7}$$

峰谷电量转移率单位为百分点。峰谷电量转移率为正数，表明峰段电量占比下降大于谷段电量占比下降或者峰段电量占比上升小于谷段电量占比上升，调整分时电价总体上起到了削峰填谷作用；峰谷电量转移率为负数，表明峰段电量占比下降小于谷段电量占比下降或者峰段电量占比上升大于谷段电量占比上升，调整分时电价总体上削峰填谷作用不明显。

4.2.3　电价调整对 2023 年度夏用电影响测算

（一）负荷峰谷差率影响分析

从用电类别来看，大工业分时电价执行效果较好，平均降低大工业负荷峰谷差率超过 2 个百分点；一般工商业分时电价效果次之，平均降低一般工商业负荷峰谷差率不到 1 个百分点[1]。

大工业分时电价优化调整后，11 个省级电网大工业负荷峰谷差率平均下降 2.4 个百分点，其中河南、四川、安徽、山东效果较好，大工业负荷峰谷差率分别降低 6.0、5.8、4.2、4.1 个百分点。峰谷电量转移率[2]平均提高 3.9 个百分点，大工业分时电价削峰效果优于填谷效果，峰段用电量占比平均降低 3.1 个百分点、谷段用电量占比平均提升 0.8 个百分点。分时电价调整对大工业负荷峰谷差率影响如图 4-5 所示。

---

[1]　负荷峰谷差率=（最大负荷−最小负荷）/最大负荷×100%。

[2]　峰谷电量转移率=（调整后谷段电量占比−调整前谷段电量占比）−（调整后峰段电量占比−调整前峰段电量占比）。

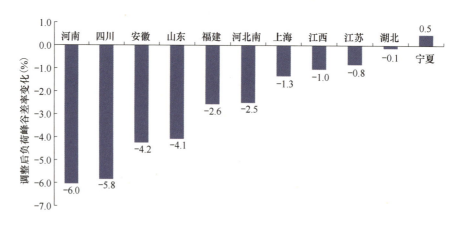

图 4-5 分时电价调整对大工业负荷峰谷差率影响

一般工商业分时电价优化调整后，10 个省级电网一般工商业负荷峰谷差率平均下降 0.9 个百分点，其中安徽、河北南、江西效果较好，一般工商业负荷峰谷差率分别降低 6.5、5.3、4.0 个百分点。峰谷电量转移率平均提高 2.1 个百分点，一般工商业分时电价削峰效果也优于填谷效果，峰段用电量占比平均降低 1.9 个百分点、谷段用电量占比平均提升 0.2 个百分点。分时电价调整对一般工商业负荷峰谷差率影响如图 4-6 所示。

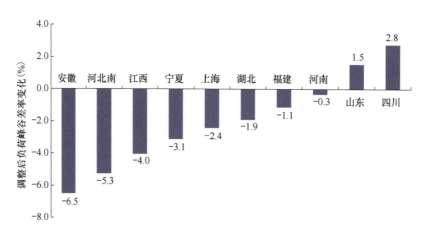

图 4-6 分时电价调整对一般工商业负荷峰谷差率影响

从行业用电来看，本轮分时电价政策优化调整降低了一半以上行业负荷峰

谷差率。工商业 117 个细分行业中，60 个行业（占比 51.3%）平均负荷峰谷差率下降。非金属矿物制品业、黑色金属冶炼和压延加工业、有色金属冶炼和压延加工业等 4 个高耗能行业电费成本占比高、负荷调整灵活，平均负荷峰谷差率下降 4.0 个百分点以上；交通运输业、租赁和商务服务业等生产性服务业以及装备制造业等 28 个行业下降 1.0～4.0 个百分点；消费品制造业和公共服务及管理业等 28 个行业下降 1.0 个百分点以内。电费占生产经营成本比重较小或生产经营时间调整空间较小的企业以完成生产经营目标为主，根据分时电价调整生产的优先级较低，57 个行业（占比 48.7%）分时电价政策执行效果不明显，如建筑业、批发和零售业、住宿和餐饮业等。分时电价调整对工商业 117 个细分行业负荷峰谷差率影响如图 4 - 7 所示。

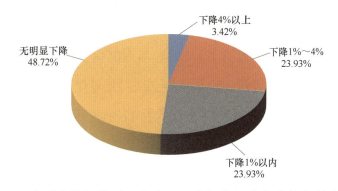

图 4 - 7　分时电价调整对工商业 117 个细分行业负荷峰谷差率影响

（二）最大负荷影响分析

2023 年迎峰度夏期间最大负荷时刻，11 个省级电网因分时电价政策调整削减负荷 1080 万 kW 左右。迎峰度夏期间全网最大负荷时刻，通过分时电价转移高峰负荷超过 150 万 kW 的有江苏、河北南；100 万～150 万 kW 之间的有河南、山东、湖北；50 万～100 万 kW 之间的有安徽、四川、上海、宁夏；低于 50 万 kW 的有福建、江西；11 个省级电网合计削减 1080 万 kW。从用电类别米看，大工业分时电价转移高峰负荷 730 万 kW，执行效果较好；一般工商业分时电价转移高峰负荷 350 万 kW，效果次之。分时电价调整转移 2023 年迎峰度夏高峰负荷情况如图 4 - 8 所示。

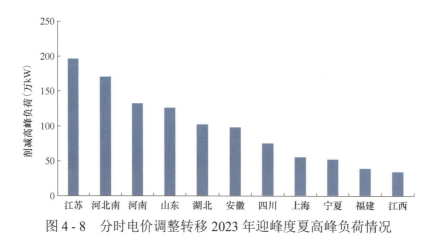

图 4 - 8　分时电价调整转移 2023 年迎峰度夏高峰负荷情况

4.2.4　电价调整对 2024 年度夏用电影响研判

　　保持分时电价政策不变情境下，2024 年迎峰度夏期间 11 个省级电网相较 2023 年可进一步削减高峰负荷 100 万 kW 左右。分时电价调整政策公布到充分发挥作用之间通常需要 4~6 个月的时间。本轮 11 个省级电网除四川、江苏、安徽外，其余省级电网都在 2023 年 1 月前调整了分时电价政策，为用户调整生产安排预留了充分时间，2023 年迎峰度夏期间已充分发挥作用。2023 年 6 月后调整分时电价政策的四川、江苏、安徽，预计 2024 年仍有 20%~30%的政策效果释放。分时电价政策不变情境下转移 2024 年迎峰度夏高峰负荷情况如图 4 - 9 所示。

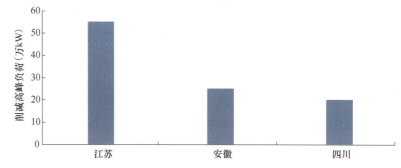

图 4 - 9　分时电价政策不变情境下转移 2024 年迎峰度夏高峰负荷情况

进一步优化分时电价要求情境下，预计 2024 年迎峰度夏期间相较 2023 年可进一步削减高峰负荷 720 万 kW 左右。截至 2023 年 12 月底，北京、冀北、山东、江苏、福建、四川、辽宁、蒙东、青海、宁夏、新疆等 11 个省级电网在 2023 年更新了分时电价政策，安徽、湖北等地也对新的机制公开征求意见，甘肃自 2024 年 1 月 1 日起推动充换电设施用电执行峰谷分时电价。若以上省级电网进一步优化分时电价机制，预计可转移 2024 年迎峰度夏高峰负荷 720 万 kW 左右。进一步优化分时电价政策情境下转移 2024 年迎峰度夏高峰负荷情况如图 4-10 所示。

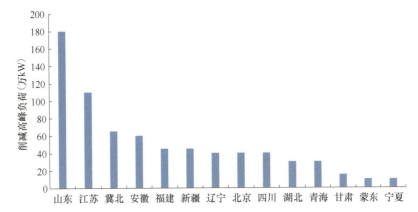

图 4-10　进一步优化分时电价政策情境下转移 2024 年迎峰度夏高峰负荷情况

（本节撰写人：张煜　审核人：吴姗姗）

4.3　2023 年电力经济关系分析及展望

4.3.1　改革开放以来我国电力消费弹性系数变化特点

短期内电力消费弹性系数波动较大。 1978—2023 年，我国年度电力弹性系数最大值为 1.79（1989 年），最小值为 0.14（2015 年），年度之间波动较大，主要是产业结构调整、市场环境变化、气候波动等因素，对电力消费和 GDP 的影响不对称。例如，1998 年，受亚洲金融危机影响，GDP 增速下降，而电力消费增速下降更显著，电力弹性系数降到 0.36；2008 年，受国际金融危机等影响，电力消费增速大幅下降，电力弹性系数为 0.57；2015 年，受"三去一降一补"等政策影响，钢铁、煤炭去产能力度很大，经济保持增长相对平稳，但电力消费增速大幅下降，电力弹性系数仅为 0.14。改革开放以来我国电力消费弹性系数年度变化如图 4 - 11 所示。

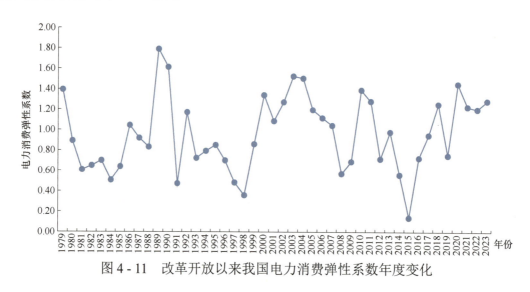

图 4 - 11　改革开放以来我国电力消费弹性系数年度变化

中长期电力弹性系数具有明显的阶段性特点，主要受工业发展的影响。1978—1999 年，我国经济轻工业产值比重上升并保持在较高水平，全社会用电增速低于经济增速，电力消费弹性系数为 0.81；2000—2009 年，经济步入重化工快速发展阶段❶，全社会用电增速高于经济增速，电力消费弹性系数为 1.13；2010—2019 年，经济进入新常态，重化工业发展放缓，第三产业快速发展❷，全社会用电增速略低于经济增速，电力消费弹性系数为 0.93；2020—2023 年，受稳增长政策等影响，全社会用电量增速连续四年高于经济增速，电力消费弹性系数持续高于 1。

---

❶ 1978 年我国轻工业产值比重为 43.1%，20 世纪八十、九十年代保持在 48%上下，与重工业比重接近，个别年份超过重工业比重；2000 年以后，轻工业产值比重逐步降至 30%以下。

❷ 2012 年以后，工业统计不再划分轻重工业。从用电量看，四大高耗能行业用电量年均增速从 2000—2009 年的 13.8%降至 2010—2019 年的 5.7%；2010—2019 年第三产业增加值年均增速为 8.4%，高于第二产业 0.9 个百分点。

从近几年看，**2020 年以来全社会用电增速高于经济增速，主要受工业增长相对较快、新能源影响扩大、夏季气温偏高影响**。2020－2023 年，全社会用电增速连续 4 年高于经济增速，用电年均增速（6.2%）高于经济年均增速（4.7%）1.5 个百分点，**主要原因：一是**受益于稳增长政策、出口替代效应等因素，工业生产受新冠疫情影响相对较小，工业增加值年均增长 4.9%，略高于 2019 年增速 0.1 个百分点；**二是**新能源相关产品加快增长，新能源汽车、光伏组件产量年均分别增长 66.7%、50.0%，分别高于新冠疫情前三年的年均增速 32.8、30.3 个百分点；**三是**夏季气温偏高，其中 2021 年较常年偏高 0.8℃，2022 年创历史同期最高记录。

分部门看，全社会用电增速与经济增速的相对大小，根本上取决于用电结构与经济结构的非对称影响。从第二、三产业比较来看，1978 年以来，第二产业用电比重平均为 74.5%，高于其增加值比重约 40 个百分点，其对全社会用电增速的影响明显大于对经济增速的影响；第三产业用电比重平均为 10.6%，低于其增加值比重约 35 个百分点，其对全社会用电增速的影响明显小于对经济增速的影响。此外，居民生活用电不直接影响经济增速，但影响全社会用电增速。

4.3.2 2023 年用电增速高于经济增速的原因解析

2023 年全社会用电增速（6.7%）较经济增速（5.2%）高 1.5 个百分点，主要由产业结构因素导致，而上年夏季高温等高基数因素则缩小了两者差距。具体分析如下：

产业结构因素拉动用电增速高于经济增速 2.2 个百分点，其中第二产业贡献最大。2023 年，三次产业用电量比上年增长 7.7%，高于经济增速 2.5 个百分点，导致用电增速高于经济增速 2.2 个百分点。其中，**第一产业**受乡村振兴、农业现代化等影响，用电量比上年增长 11.5%，增速高于其增加值增速 7.4 个百分点，但因用电比重明显低于其增加值比重，导致全社会用电增速低于经济增速 0.04 个百分点。**第二产业**受实体经济恢复带动，用电量比上年增长 6.5%，增速高于其增加值增速 1.8 个百分点，加上用电比重大幅高于其增加值比重，导致全社会用电增速高于经济增速 2.9 个百分点。**第三产业**受数据中心、电动汽车充换电等快速发展影响，用电量比上年增长 12.2%，增速高于其增加值增速 6.4 个百分点，但用电比重显著低于其增加值比重，导致全社会用电增速低于经济增速 0.7 个百分点❶。

受基数影响，居民生活用电低增长，减少全社会用电增速与经济增速差距 0.7 个百分点。受 2022 年夏季气温偏高以及居家办公时间较长导致的高基数影响，**居民生活**用电量仅增长 0.9%，增速低于 2023 年经济增速 4.3 个百分点，导致全社会用电增速低于经济增速 0.7 个百分点。

2023 年分部门用电量、增加值增速及对差距的贡献如图 4-12 所示。

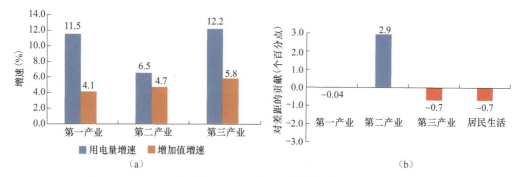

图 4-12　2023 年分部门用电量、增加值增速及对差距的贡献
（a）用电量、增加值增速；（b）对差距的贡献

从行业比较看，高耗能行业对全社会用电增速高于经济增速的贡献最大；新能源、高技术产业的贡献正在凸显。2023 年，高耗能行业、装备制造业❷、消费品制造业❸用电量比上年分别增长 6.5%、11.3%、7.9%，增速分别与其增加值增速持平、高 5.2、高 8.6 个百分点，分别导致全社会用电增速高于经济增速 1.1、0.7、0.6 个百分点，其中高耗能行业影响最大，主要是由于其用电比重大幅高于

---

❶ 测算逻辑：行业对用电与经济增速差距的影响，体现在行业电量占比与其增加值占比的差距、电量增速与其增加值增速的差距上；居民生活用电量对用电与经济增速差距的影响，体现在居民生活用电增速与经济增速差距、居民生活电量占比上。

❷ 包括金属制品业、通用设备制造业、专用设备制造业、汽车制造业、铁路/船舶/航空航天和其他运输设备制造业、电气机械和器材制造业、计算机/通信和其他电子设备制造业、仪器仪表制造业。

❸ 包括农副食品加工业、食品制造业、酒/饮料及精制茶制造业、烟草制品业、纺织业、纺织服装/服饰业等 13 个行业。

增加值比重约 25 个百分点；装备制造业用电量快速增长，主要是受光伏设备及元器件、集成电路、新能源汽车制造等快速增长影响。2023 年工业行业对用电量与经济增速差距贡献排序如图 4 - 13 所示。

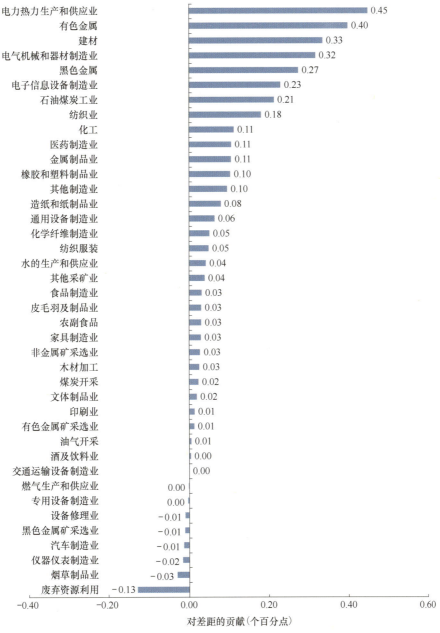

图 4 - 13　2023 年工业行业对用电量与经济增速差距贡献排序

4.3.3 2024—2030 年全社会用电增速与经济增速关系展望

从第一产业看，在乡村振兴战略引导下，农业电气化、机械化、智能化水平不断提升，第一产业用电将持续快速增长，用电增速继续高于其增加值增速，但对全社会用电增速与经济增速关系的影响很小。

从第二产业看，随着新型工业化全面部署推进，生产的数字化、智能化、绿色化特征更加凸显，并考虑新一轮大规模设备更新改造等影响，**预计工业用电在较长时期仍快于其增加值增速，仍然主导着全社会用电增速与经济增速的相对变化。**其中，高耗能行业传统产品升级，新产品、新材料加快发展，生产过程电气化率更高，用电量仍保持一定增长；装备制造业是产业优化升级、新质生产力的主要组成部分，电池、集成电路、光伏组件等制造呈现一定高耗电特征❶，推动用电量继续快速增长。

从第三产业看，随着消费升级，现代服务、数字服务等快速发展，叠加气候气温影响增强，第三产业用电增速将继续高于全社会用电量增速，也高于其增加值增速。

从居民生活看，人口规模延续负增长，但居民生活水平持续改善，传统家用电器更为普及，新型家电不断出现，加上高温天气增多，居民生活用电增速总体高于经济增速。

综合判断，预计 2024－2030 年全社会用电年均增速仍将高于经济增速，电力消费弹性系数大于 1。

（本节撰写人：王向　审核人：吴姗姗）

---

❶ 据报道，芯片尺寸越小，制造芯片的光刻机耗电量越大，一台输出功率为 250W 的 EUV 光刻机一天耗电 3 万 kW·h，一年耗电量超过 1000 万 kW·h。

参 考 文 献

［1］ 国家统计局. 2023 年国民经济和社会发展统计公报［EB/OL］. http://www.stats.gov.cn/. 2024-02-29.

［2］ 中国长期低碳发展战略与转型路径研究课题组，清华大学气候变化与可持续发展研究院. 读懂碳中和——中国 2020－2050 年低碳发展行动路线图［M］. 北京：中信出版社，2021.

［3］ 康重庆，夏清，刘梅. 电力系统负荷预测［M］. 北京：中国电力出版社，2017.

［4］ 廖莉娟. 新基建：数字经济改变中国［M］. 北京：东方出版社，2020.

致　　谢

　　本报告在编写过程中，得到了国家电网有限公司发展策划部、市场营销部、国家电力调度控制中心、北京电力交易中心有限公司，国网华北分部、国网华东分部、国网华中分部、国网东北分部、国网西北分部、国网西南分部，国家信息中心，以及钢铁、有色金属、建材、化工等行业专家的大力支持和帮助，在此表示衷心感谢！